CURSO DE ESPAÑOL

Espacio JOVEN

Libro del alumno

Equipo ESPACIO

Nivel

B1.1

CB030940

Edi numen

© Editorial Edinumen, 2012

© Equipo ESPACIO:
Francisca Fernández Vargas, Luisa Galán Martínez,
Amelia Guerrero Aragón, Emilio José Marín Mora,
Liliana Pereyra Brizuela y Francisco Fidel Riva
Fernández
Coordinación: Amelia Guerrero Aragón

Depósito legal: M-7768-2016
ISBN - Libro del alumno + CD: 978-84-9848-384-0

Impreso en España
Printed in Spain

Coordinación editorial:
Mar Menéndez

Edición:
David Isa

Diseño de cubierta e ilustraciones:
Carlos Casado

Diseño y maquetación:
Carlos Casado y Sara Serrano

Actividades interactivas:
Antonio Arias

Fotografías:
Archivo Edinumen, Lucentum digital,
Huecco (pág. 80), David Isa (pág. 108)

Estudio de grabación:
Javier Pérez Mejías

Impresión:
Gráficas Glodami. Madrid

Vídeos:
Lucentum digital

Editorial Edinumen
José Celestino Mutis, 4. 28028 Madrid. España
Teléfono: (34) 91 308 51 42
Fax: (34) 91 319 93 09
e-mail: edinumen@edinumen.es
www.edinumen.es

1.ª edición 2012
1.ª reimpresión: 2014
Reimpresiones: 2015, 2016

Extensión digital de *Espacio Joven*: en la **ELEteca**,
puedes encontrar, con descarga gratuita, materiales que
amplían y complementan este método.

La Extensión digital para el **alumno** contiene los siguientes materiales:

- Audiciones
- Actividades interactivas extras
- Actividades colaborativas
- Test de evaluación

Recursos del alumno:
Código de acceso
98483840
www.edinumen.es/eleteca

La Extensión digital para el **profesor** contiene los siguientes materiales:

- Introducción
- Audiciones y transcripciones
- Material fotocopiable y proyectable
- Guía de actividades colaborativas

Recursos del profesor:
Código de acceso
Localiza tu código de acceso
en el *Libro del profesor*

En el futuro, podrás encontrar nuevas actividades. **Visita la ELEteca**

Presentación

Espacio Joven es un curso de lengua y cultura española destinado a estudiantes jóvenes/adolescentes.

Dividido en cuatro niveles y siguiendo las directrices del *Marco común europeo de referencia* (MCER) y del *Plan curricular del Instituto Cervantes*, **Espacio Joven** conduce a la adquisición de una competencia comunicativa del **nivel B1.1**.

Organización

Cada volumen está organizado en seis unidades, precedidas de una unidad 0.

En el primer volumen, la **unidad 0** introduce al estudiante en el mundo de la lengua y de la cultura española, ofreciendo también los instrumentos indispensables para la interacción en clase. En los otros volúmenes actúa como un repaso de los contenidos del nivel anterior.

■ **Cada unidad** comienza con:

- una presentación de los objetivos comunicativos, gramaticales, léxicos, culturales y fonéticos;
- una fase de preparación para la audición de un diálogo, a través de la observación guiada de una imagen;
- un diálogo con actividades de comprensión.

Las secciones siguientes proponen un **trabajo profundo y sistemático** de los elementos lingüísticos introducidos en el diálogo.

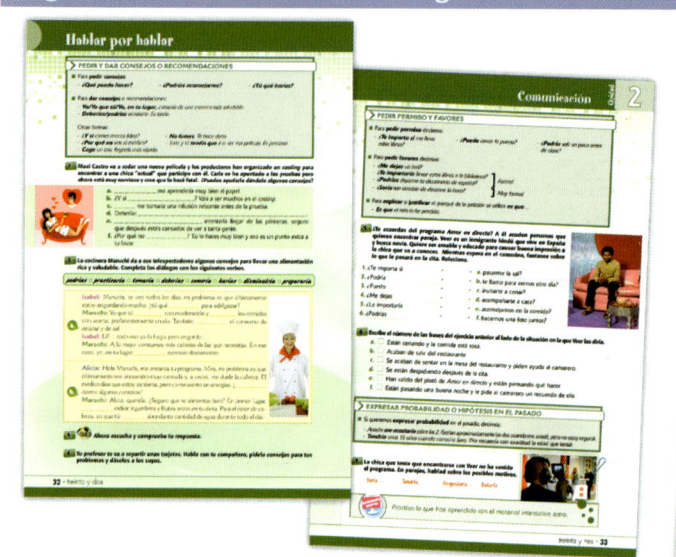

Presentación de los **objetivos comunicativos** a través de sencillos cuadros funcionales, seguidos de actividades de producción y comprensión oral.

Sistematización de los **aspectos gramaticales** gracias a cuadros con explicaciones claras y completas, y a una serie de actividades de reflexión.
El apéndice gramatical al final del libro del alumno ofrece numerosas **profundizaciones** de estos aspectos gramaticales.

Resumen y análisis de los **elementos léxicos** introducidos en el diálogo a través de la presentación de cuadros léxicos ilustrados y de actividades lúdicas y motivadoras.

Sección dedicada a los **aspectos ortográficos y fonéticos** de la lengua española.

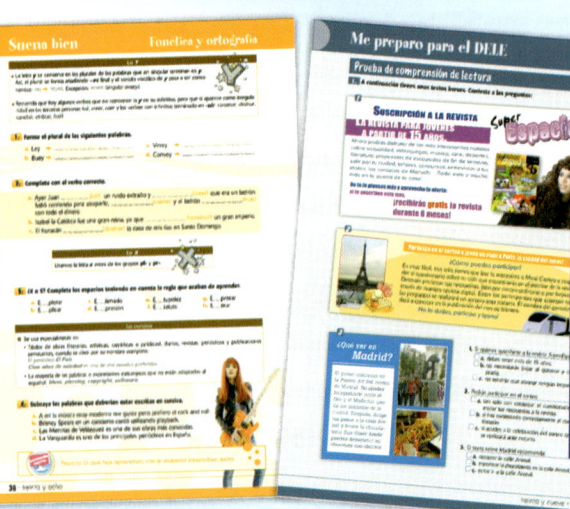

Actividad de preparación al **DELE**, concebido según el modelo de las pruebas de examen de cada nivel.

La unidad concluye con tres secciones que agrupan todos los elementos lingüísticos presentados en las páginas anteriores, permitiendo al estudiante la **utilización global y personal de las competencias adquiridas**.

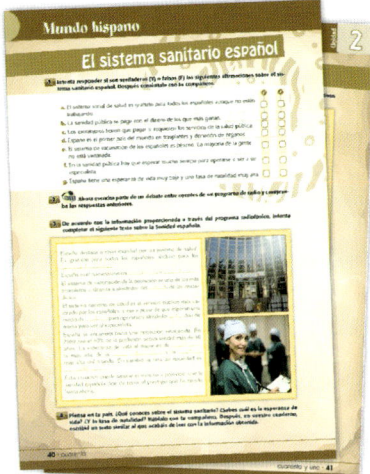

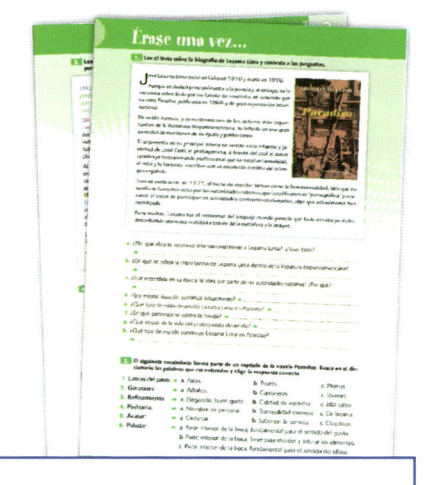

Desarrollo y profundización de uno o más **aspectos culturales** presentados en la unidad.

Actividades de **evaluación** con puntuación, que se realiza de forma autónoma.

Actividades de presentación y comprensión de un **texto escrito** (un relato) que recogen los contenidos de la unidad.

Cada dos unidades, **Espacio Joven** ofrece una batería de actividades de consolidación y repaso.

Materiales complementarios

Una serie de instrumentos complementarios a disposición del estudiante que permiten la profundización, la revisión, y una **función más dinámica y diferente del curso**.

CD-ROM

■ Cada nivel del curso va acompañado de un **CD-ROM interactivo** que ha sido concebido para:

• ser un práctico instrumento de ayuda en la preparación personal, permitiendo al estudiante trabajar rápida y cómodamente desde su ordenador;

• acceder con un simple *clic* a las audiciones del libro, vídeos, actividades interactivas multimedia y a los ejercicios de evaluación.

Cultura y civilización

■ El curso se acompaña (en versión papel o en la web) de un **fascículo de Cultura y Civilización** (Geografía, Historia, Arte, Política, etc.) de España y de Hispanoamérica que puede utilizarse en el nivel A2.2 o B1.1.

Extensión web

■ Cada nivel del curso está acompañado de una **extensión web**, **www.edinumen.es/eleteca** que contiene más actividades interactivas.

Índice de contenidos

Índice

0

Ahora y siempre

Contenidos funcionales

- Hablar del pasado
- Hablar de planes y acciones futuras, hacer promesas y conjeturas
- Dar órdenes, permiso, invitar, dar consejos e instrucciones

Contenidos gramaticales

- Contraste de pasados
- Futuro imperfecto
- El imperativo afirmativo y negativo

Contenidos léxicos

- Ocio y tiempo libre
- Medioambiente

Fonética y ortografía

- La tilde en interrogativas y exclamativas
- Los signos de puntuación

Contenidos culturales

- ¿Qué sabes de cultura?

¿Qué ves?

1. El señor Gregorio recuerda diferentes momentos de su vida. ¿En qué crees que está pensando? Observa la imagen y habla con tu compañero.

Cuando era niño...   A los 18 años...   Cuando cumplí los 30...   Hoy...

2. Ahora escucha lo que piensa y escribe los números de las frases en su lugar correspondiente.

a. Cuando era niño... ➜ ....
b. A los 18 años... ➜ ....

c. Cuando cumplí los 30... ➜ ....
d. Hoy... ➜ ....

3. Escucha de nuevo y escribe los siguientes verbos en el tiempo en el que aparecen en la audición.

a. Empezar ➜ ....*empecé*..............
b. Jugar ➜ ....
c. Casarme ➜ ....
d. Estar ➜ ....
e. Tener ➜ ....

f. Trabajar ➜ ....
g. Aprender ➜ ....
h. Ir ➜ ....
i. Echar ➜ ....
j. Afeitarse ➜ ....

4. ¿Cuántos tiempos diferentes has reconocido? ¿Recuerdas el nombre de estos tiempos? ¿Son regulares o irregulares? Coméntalo con tu compañero.

Recuerdos del colegio

1. El señor Gregorio tiene tan buena memoria que incluso se acuerda de su primer día de colegio. Mira los dibujos e intenta imaginar cómo fue ese día. Habla con tu compañero.

2. Ahora comprueba tus suposiciones y completa el texto escribiendo los verbos en pasado.

Cuando pienso en mi época de estudiante siempre vienen a mi memoria muy buenos recuerdos, bueno, menos el de mi primer día de colegio… Se puede decir que para mí ....1........... (ser) toda una experiencia y, aunque ya ....2.............. (pasar) muchos años desde entonces, me acuerdo perfectamente de lo que ....3............... (sentir).

Recuerdo que ese día mi madre me ....4............... (despertar) muy temprano y me ....5........... (decir) que teníamos que darnos prisa, porque si no íbamos a llegar tarde al colegio. ....6........... (Levantarse), ...7............. (vestirse) yo solo y ....8............... (desayunar) muy bien, porque mi madre siempre ....9.............. (decir) que "antes de estudiar, tu barriga debes llenar". Después mi madre me ....10........... (ayudar) a peinarme, yo ....11........... (coger) mi mochila nueva y ....12............. (salir) hacia el colegio. Yo ....13........... (estar) muy emocionado porque ....14............ (ser) mi primer día de cole y ya ....15............ (ser) un niño mayor. Además, como toda mi vida ....16.............. (ser) una persona muy curiosa e inquieta, ...17........... (sentir) mucha curiosidad por saber qué ....18.............. (ser) eso del cole, pues mi hermano mayor, cuando ....19.............. (volver) a casa, siempre ....20.............. (contar) un montón de anécdotas divertidas sobre ese lugar y mis padres ....21.............. (reírse) mucho con él. ....22........... (Ir) todo el camino contento, iba a conocer la escuela, a mis compañeros, a mi profesora… Sin embargo, cuando mi madre me ....23.............. (dejar) en la puerta del colegio junto a los demás niños, ...24........... (ponerse) tan nervioso que ....25.............. (empezar) a llorar y, para mi desconsuelo, ¡los demás niños también ....26.............. (llorar)! Aquello no ....27........... (ser) nada divertido, ni ....28.............. (parecerse) a las historias que ....29........... (contar) mi hermano, además mi madre ya no ....30.............. (estar) allí y yo no ....31........... (poder) volver a casa con ella. Enseguida ....32.............. (venir) mi profesora e ....33........... (intentar) consolarme, pero ....34.............. (estar) todo el día triste y de mal humor, tanto que al final la profesora ....35.............. (llamar) a mi madre por teléfono y ella ....36........... (venir) a buscarme al colegio. Pero como ya ....37.............. (decir), ese fue el primer día. Cuando ....38........... (acostumbrarse), el colegio me ....39.............. (encantar) y la profesora Margarita ....40.............. (ser) la mejor profesora que ....41.............. (tener) nunca.

3. Clasifica estas frases extraídas del texto anterior según los usos de los tiempos del pasado que conoces.

a. Se puede decir que para mí **fue** toda una experiencia.

b. Ya **han pasado** muchos años desde entonces.

c. Recuerdo que ese día mi madre me **despertó** muy temprano.

d. Mi madre siempre nos **decía** que "antes de estudiar, tu barriga debes llenar".

e. Yo **estaba** muy emocionado porque **era** mi primer día de cole y ya **era** un niño mayor.

f. Toda mi vida **he sido** una persona muy curiosa e inquieta.

g. Mi hermano mayor siempre **explicaba** un montón de anécdotas divertidas sobre ese lugar.

h. Aquello no **era** nada divertido, ni **se parecía** a las historias que contaba mi hermano.

i. Enseguida **vino** mi profesora e **intentó** consolarme, pero **estuve** todo el día triste y de mal humor.

j. Margarita **fue** la mejor profesora que **he tenido** nunca.

Acción sin relación con el presente	Descripción de una situación	Acción en un pasado reciente o en relación con el presente	Acción habitual	Valoración

4. Imagina cómo fue el primer día de colegio de tu compañero y escribe cuatro frases.

1. ....

2. ....

3. ....

4. ....

5. ¿Recuerdas tu primer día de colegio? Cuéntaselo a tu compañero. Después, señala las que has acertado en la actividad anterior.

Yo tenía 6 años cuando empecé el cole...

6. Ahora, escribe aquí cómo fue el primer día de colegio de tu compañero.

1. Esta es la página de una conocida red social. Víctor ha escrito sus planes para el futuro en su muro. Ayúdale a completar las frases.

○○○ **Facebook**

◀ Anterior ▶▶ Siguiente ★ Agregar ↻ Recargar   Dirección: 🅵 http://www.facebook.com

facebook 🔍 Buscar 🔍   Víctor | Inicio | ▼

Víctor: Mañana me querréis todos un poco más. He jugado a la lotería y seguro que me tocará. Con ese dinero estudiaré pintura en Salamanca y, después de estudiar, me iré a vivir a la selva. ¡¡Jajajajajaja!!

a. Marta. ¡Qué loco...! Creo que .... (ir, yo) contigo. ¿Y............................ (poder, yo) estudiar allí?

b. Víctor. ¡Marta! ¡Estamos hablando de la selva! Me temo que antes .... (tener, tú) que acabar tus estudios aquí.

c. Marta. ¿Y qué .... (hacer, nosotros) en la selva?

d. Víctor. Supongo que yo .... (pintar) y creo que tú .... (ser) veterinaria y .... (cuidar) la reserva de animales.

---

2. El comentario de Víctor ha causado tanto asombro entre sus amigos que se ha iniciado un interesante debate. Un fallo informático ha mezclado todas las intervenciones. Intenta ordenarlas.

☐ **a.** Víctor: Si tu padre te deja y si a mí me toca la lotería...

☐ **b.** Marta: Oye, Mario, ¡no te pases! Ya sabes que a mí me encanta la naturaleza, el contacto con los animales y, además, ¿qué mejor lugar que la selva para una ecologista como yo?

Marta
☐ **c.** Mario: Bueno, si mi padre me deja, **me iré** con vosotros.

☐ **d.** Marta: Eso, eso, jajajaja.

☐ **e.** Mario: Hombre, yo creo que estáis exagerando, vale que nuestra ciudad no es precisamente la selva, pero hay muchos parques... y, además, el nuevo alcalde ha prometido que **construirá** más zonas verdes y que **trabajará** para un consumo responsable del agua y...

Víctor
☐ **f.** Marta: Vamos a ver, Mario, que estás hablando de políticos, ¿no ves que solo saben hacer promesas para ganar las elecciones?

☐ **g.** Víctor: No te creas, Mario... Pienso que en el futuro en la ciudad **habrá** más contaminación y no me gusta mucho la idea.

Mario
☐ **h.** Víctor: Tiene razón Marta. Anda Mario, no te lo pienses y vente con nosotros a la selva...

1 **i.** Mario: ¿Cómo? ¿Que os **iréis** a la selva? ¿Y por qué? Bueno, Marta, ya sé que tú **irás** porque va Víctor, pero Víctor, ¿tú? Si a ti te encanta la ciudad...

3. 🎧2 Ahora escucha y comprueba tu respuesta.

4. En los diálogos anteriores aparecen distintos usos del futuro, busca un ejemplo para:

a. Hablar de planes ➡ ....

b. Hacer conjeturas ➡ ....

c. Hablar de acciones futuras que dependen de una condición ➡ ....

....

d. Hacer promesas ➡ ....

¡Acuérdate!

1. Relaciona los siguientes enunciados con su imagen correspondiente.

1. ☐ ¡No os peleéis!
2. ☐ Respire, por favor.
3. ☐ Coged ensalada.
4. ☐ No compréis en este supermercado, es muy caro.
5. ☐ Entra.

2. Ahora, clasifica los enunciados anteriores en el siguiente cuadro.

Dar órdenes	Dar permiso	Invitar	Dar consejos	Dar instrucciones

3. Así es como continuaron los enunciados de la actividad 1. Completa los espacios con el imperativo.

a. Marta, ya te he dicho que no .... (pelearse, tú) con tu hermano. Tú eres la mayor y tienes que dar ejemplo.

b. Tiene usted un resfriado común: .... (tomarse, usted) estos sobres y .... (descansar), no .... (hacer) muchos esfuerzos y .... (beber) infusiones calientes con miel. Ya verá como en unos días está mejor.

c. Mejor .... (ir, vosotros) al "Ahorra ya". Es muy fácil llegar. .... (Mirar), ... (bajar) esta calle, después .... (coger) la primera a la derecha y luego, ... (seguir) todo recto, lo veréis enseguida.

d. .... (Tomar, vosotros) también, unas servilletas, para no mancharos.

e. .... (Mirar, tú), estoy jugando al videojuego que me han regalado, ¡es una pasada! ¿Quieres jugar conmigo? .... (Tener, tú) el otro mando.

1. Hoy es jueves y Carlos y Santi hablan de los planes para el próximo fin de semana. Escucha la conversación y di qué hará Carlos el fin de semana si no va a la sierra.

2. Ahora lee el mensaje que le escribió Carlos a Santi el domingo por la noche y escribe los signos de puntuación que faltan (. , ... : ¡! ¿?).

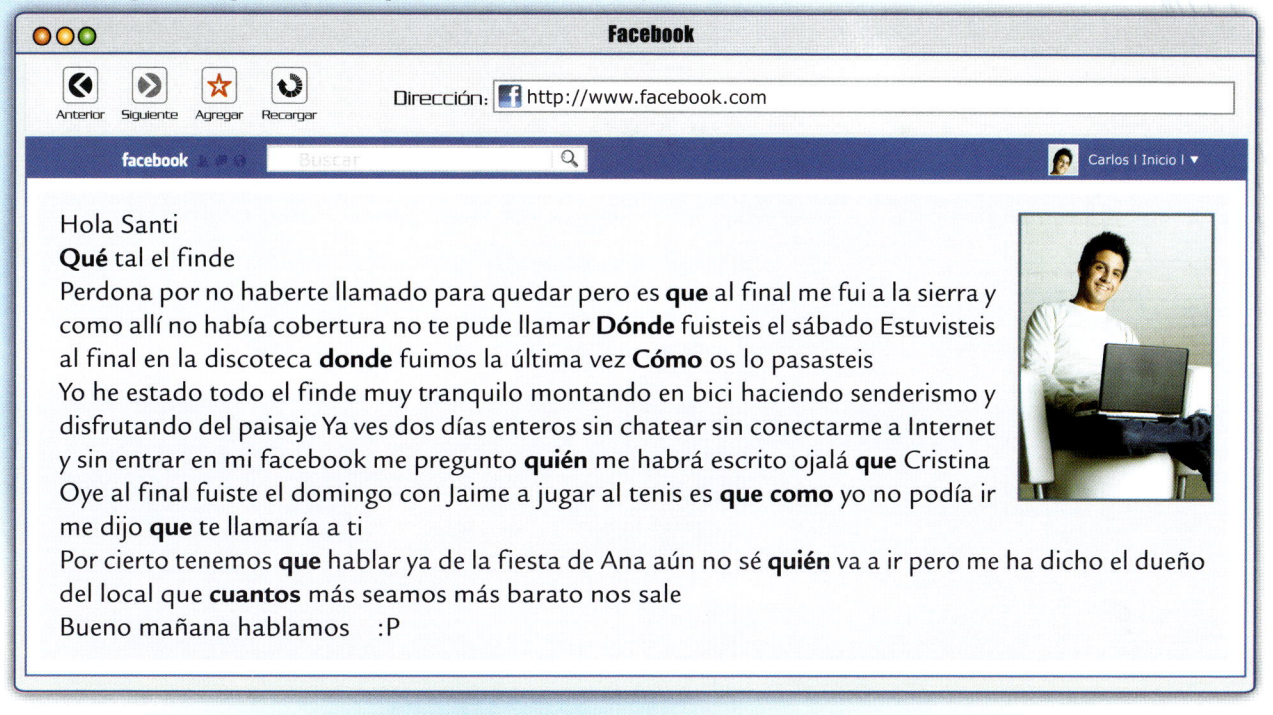

Facebook

Dirección: http://www.facebook.com

facebook   Buscar   Carlos | Inicio | ▼

Hola Santi
Qué tal el finde
Perdona por no haberte llamado para quedar pero es **que** al final me fui a la sierra y como allí no había cobertura no te pude llamar **Dónde** fuisteis el sábado Estuvisteis al final en la discoteca **donde** fuimos la última vez **Cómo** os lo pasasteis
Yo he estado todo el finde muy tranquilo montando en bici haciendo senderismo y disfrutando del paisaje Ya ves dos días enteros sin chatear sin conectarme a Internet y sin entrar en mi facebook me pregunto **quién** me habrá escrito ojalá **que** Cristina
Oye al final fuiste el domingo con Jaime a jugar al tenis es **que como** yo no podía ir me dijo **que** te llamaría a ti
Por cierto tenemos **que** hablar ya de la fiesta de Ana aún no sé **quién** va a ir pero me ha dicho el dueño del local que **cuantos** más seamos más barato nos sale
Bueno mañana hablamos   :P

3. ¿Quién sabe más sobre cultura española? En parejas, haceos preguntas alternativamente. Cada respuesta acertada vale un punto. Gana el que más puntos consiga.

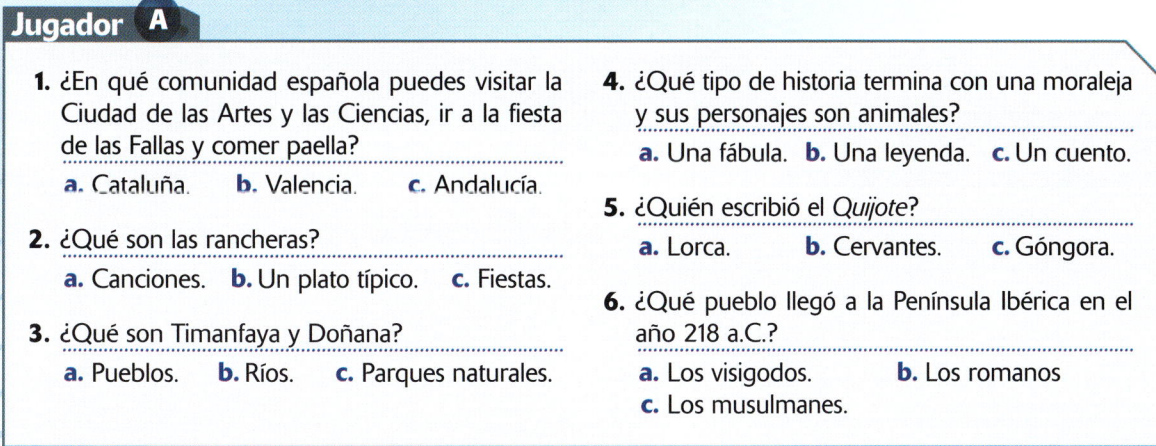

Jugador A

1. ¿En qué comunidad española puedes visitar la Ciudad de las Artes y las Ciencias, ir a la fiesta de las Fallas y comer paella?
   a. Cataluña.   **b.** Valencia.   **c.** Andalucía.

2. ¿Qué son las rancheras?
   a. Canciones.   **b.** Un plato típico.   **c.** Fiestas.

3. ¿Qué son Timanfaya y Doñana?
   a. Pueblos.   **b.** Ríos.   **c.** Parques naturales.

4. ¿Qué tipo de historia termina con una moraleja y sus personajes son animales?
   a. Una fábula.   **b.** Una leyenda.   **c.** Un cuento.

5. ¿Quién escribió el *Quijote*?
   a. Lorca.   **b.** Cervantes.   **c.** Góngora.

6. ¿Qué pueblo llegó a la Península Ibérica en el año 218 a.C.?
   a. Los visigodos.   **b.** Los romanos   **c.** Los musulmanes.

Jugador B

1. ¿En qué provincia de España puedo visitar la Alhambra, comer tapas y esquiar?
   a. Barcelona.   **b.** Ibiza.   **c.** Granada.

2. ¿En qué comunidad española termina el Camino de Santiago?
   a. Andalucía.   **b.** Galicia.   **c.** Valencia.

3. La historia de *Los amantes de Teruel* es...
   a. una leyenda.   **b.** una fábula.   **c.** un cuento.

4. ¿En qué fiesta se corre delante de los toros?
   a. Sanfermines.   **b.** Fallas.   **c.** Semana Santa.

5. ¿Las aventuras de qué capitán narró el escritor Arturo Pérez-Reverte?
   a. Bardem.   **b.** Alatriste.   **c.** Mío Cid.

6. ¿Cuál es el pico más alto de España?
   a. Aneto.   **b.** Mulhacén.   **c.** Teide.

De cine

Contenidos funcionales

- Expresar curiosidad, incredulidad y sorpresa
- Transmitir información, contar anécdotas o historias de forma imprecisa
- Expresar finalidad y causa

Contenidos gramaticales

- Revisión de pasados
- Pretérito pluscuamperfecto
- Marcadores del relato
- Uso y contraste de *por/para*

Contenidos léxicos

- El cine y el teatro
- Expresiones coloquiales

Fonética y ortografía

- La letra *h* en palabras homófonas

Contenidos culturales

- Relación entre cine, teatro y literatura en España

Relato

- Federico García Lorca

¿Qué ves?

1. Fíjate en las imágenes, ¿qué ves? ¿Reconoces algo? ¿Qué crees que pueden tener todas ellas en común? Habla con tu compañero.

2. Relaciona estas frases con una de las imágenes anteriores.

- **a.** ☐ Es la entrega de un óscar a un famoso director de cine español.
- **b.** ☐ Es un teatro que construyeron los romanos en Mérida hace muchos siglos.
- **c.** ☐ Es un taller de teatro.
- **d.** ☐ Es un goya, el premio de cine más prestigioso del cine español.

3. Ahora, relaciona cada titular con los enunciados anteriores.

- **1.** ☐ Comienza el ciclo de teatro clásico en el mejor entorno histórico.
- **2.** ☐ Este año las actividades extraescolares con más participación han sido los talleres de cine y teatro.
- **3.** ☐ La noche del cine español se viste de gala.
- **4.** ☐ Nunca antes un director español había pisado tantas veces la alfombra de Hollywood.

Trabajamos con el diálogo

4. **4** **Escucha el diálogo y completa.**

Ricardo: ¿Te has enterado de los talleres de este curso? ....1.............. van a ser totalmente diferentes.

Daniela: ....2..............

R.: Pues ....3.............. han contratado a dos famosos **para** organizar un taller con el Departamento de Literatura.

D.: ....4.............. Dos famosos trabajando en un instituto…

R.: Ya tía, pero, ...5.............., a estos los han elegido **por** su relación con la cultura y **por** su carrera profesional. He oído que son amigos de Paco, el de Literatura, parece que se conocieron cuando trabajaban juntos en una escuela de idiomas, creo que enseñaban español.

D.: ....6.............. Dos profesores famosos, ...7.............. Pero, ...8.............., que ....9.............. ¿De qué es el taller? ¿Quién lo va a impartir?

R.: ....10.............., es un taller de cine y teatro…

D.: ....11..............

R.: La parte de cine la va a impartir la directora y guionista Anamar Orson y la parte de teatro el actor Cristian Pascual.

D.: ....12.............. Pero si los dos son conocidísimos… ¡Cristian Pascual en el instituto! ....13.............. ....14..............

R.: Sí, Daniela, sí, hablo en serio, aunque si quieres, llamamos **para** preguntar al Departamento de Literatura, porque no estoy demasiado seguro.

5. **4** **Contesta verdadero (V) o falso (F). Después escucha de nuevo y comprueba.**

	V	**F**
a. Daniela y Ricardo están hablando del nuevo profesor de Literatura.	☐	☐
b. Ricardo ha oído que este curso van a tener un taller de cine y teatro.	☐	☐
c. El taller lo va a impartir un importante director de cine.	☐	☐
d. El taller lo va a organizar el profesor de Literatura con dos amigos que son muy famosos.	☐	☐

6. **Clasifica ahora las expresiones que has escrito en la actividad 4 según su significado. Atención: alguna puede tener más de una opción y no todos los significados tienen expresiones.**

a. Expresa seguridad. ➡ ....

b. Expresa sorpresa positiva o negativa. ➡ ....

c. No le interesa lo que le cuenta la otra persona. ➡ ....

d. Le parece difícil creer lo que le cuenta la otra persona. ➡ ....

e. Nunca dice quién le ha contado esa información. ➡ ....

f. Requiere más información para continuar la conversación y expresa curiosidad. ➡ ....

 Practica lo que has aprendido con el material interactivo extra.

Hablar por hablar

> ## EXPRESAR CURIOSIDAD, INCREDULIDAD, SORPRESA Y DAR INFORMACIÓN

■ Para expresar:

Sorpresa positiva o negativa	incredulidad o contrariedad	interés, curiosidad o pedir más información
¡Qué guay!	....	
¡No me lo puedo creer!		Cuenta, cuenta Estoy intrigadísimo/a ....
Qué raro... Qué extraño... ¡No me digas! ¿Hablas en serio? /		

■ Para comenzar a dar:

una información sin hablar de la fuente
.... Al parecer...
.... He oído que... ¿Te has enterado de que...?

1. Fíjate en las imágenes y reacciona ante esas situaciones con las expresiones anteriores. Justifica tus reacciones ya que pueden ser varias.

Esta semana has llegado tarde cuatro veces.

Tengo que contaros algo muy fuerte que me pasó ayer.

Cuando mi abuela era joven ya usaba Internet.

El año pasado nadie suspendió Matemáticas.

¿Te has enterado de que este año no hay excursión de fin de curso?

El sábado conocí a una chica superinteresante.

2. Crea tres situaciones similares a las anteriores para que reaccione tu compañero.

3. Tienes que contar la siguiente información, pero no quieres decir quién te lo ha dicho, ni dónde, ni cómo te has enterado. Sin embargo, tu información proviene de:

a. Un programa de radio que iba escuchando el conductor del bus sobre una nueva ley reguladora de Internet que permite todo tipo de descargas.

b. Dos portadas de periódicos, una noticia de televisión y un comentario en el ascensor sobre la boda de un futbolista con una famosa modelo.

c. Dos chicas de un curso superior que comentan lo divertido que es el nuevo profesor de español que tu grupo va a tener este curso.

EXPRESAR FINALIDAD Y CAUSA DE UNA ACCIÓN

■ Con **por** expresamos:

- **Causa** por la que se realiza una acción.

  *A estos famosos los han elegido **por** su relación con la cultura y **por** su carrera profesional.*

Otros usos:

- **Aproximación temporal y espacial**.
  *Los Beatles triunfaron **por** los sesenta.*
  *Ana y Matilde han viajado **por** muchos países.*

- **Medio de comunicación** (teléfono, correo electrónico, fax).
  *Me enteré del premio de Ana **por** la tele.*

- **A través de**.
  *Cuando miré **por** la ventana estaba lloviendo.*

- **Frecuencia**.
  *Vamos al cine dos veces **por** semana (dos veces a la semana).*

> *Llegó tarde **por** estar en un atasco.*
> *Llegó tarde **porque** estuvo en un atasco.*
> ***Como** estuvo en un atasco, llegó tarde.*

■ Con **para** expresamos:

- **Finalidad**, meta u objetivo por el que se realiza una acción.
  *Han contratado a dos famosos **para** organizar un taller con el Departamento de Literatura.*

Otros usos:

- **Tiempo límite o plazo**.
  *Los deberes son **para** el próximo lunes.*

- **Destinatario**.
  *Estos talleres son **para** estudiantes.*

- **Opinión**.
  ***Para** mí, las películas románticas son muy aburridas.*

> *Estudió **para ser** directora de cine.*
> *Estudió **con el objetivo/el fin/la finalidad de ser** directora de cine.*

4. **Selecciona la opción correcta.**

- **a.** Creo que el hotel está **por/para** el centro.
- **b.** En vacaciones nos comunicamos **por/para** correo electrónico.
- **c.** **Por/Para** los españoles reunirse **por/para** comer es muy importante.
- **d.** Tenemos que estar listos **por/para** las ocho.
- **e.** Gracias **por/para** todo, estas flores son **por/para** ti.
- **f.** Llamo **por/para** teléfono a mi abuela una vez **por/para** semana.
- **g.** No me sonó el móvil, es que estábamos pasando **por/para** un túnel.

5. **Completa el siguiente cuestionario con *por* o *para*. Después hazle las preguntas a tu compañero.**

Alumno A

1. ¿Qué haces .... mejorar tu español?
2. .... ti, ¿qué es mejor, ver una película en tu casa o en el cine?
3. ¿Has viajado mucho .... tu país?
4. ¿Cómo te comunicas más con tus amigos, ... Internet o .... teléfono?
5. ¿............ quién piensas que deberían ser los descuentos en los teatros y los cines?

Alumno B

1. ¿Cuál es la mejor película .... ti?
2. ¿Cómo sueles entregar los trabajos de clase: .... correo electrónico o .... escrito?
3. ¿............ quién piensas que se estrenan más obras de teatro?
4. ¿............ qué países te gustaría viajar?
5. ¿Cuáles son los mejores consejos .... sacar buenas notas?

Practica lo que has aprendido con el material interactivo extra.

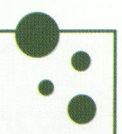

Paso a paso

> REVISIÓN DE PASADOS

■ Recuerda que usamos:

■ para hablar de una acción terminada en un periodo de tiempo terminado sin relación con el presente.	■ para describir personas, cosas y situaciones pasadas y para hablar de hábitos en el pasado.	■ para hablar de acciones terminadas en un pasado reciente o en un periodo de tiempo no terminado.
Anamar volvió de Venecia anoche.	*Cuando vivían en Madrid trabajaban juntos.*	*Este año Anamar ha ganado dos premios.*

1. Ayer Cristian llamó a Anamar y le dejó un mensaje en el contestador. Lee lo que le dijo y completa los espacios con los marcadores del recuadro.

> en ese momento ○ otra cosa ○ entonces ○ luego ○ el otro día

¡Anamar! Te he llamado mil veces esta semana. ¿Todavía no has vuelto de Berlín? Mira, te llamo para contarte que _____ quedé con Paco para tomar una caña y me propuso colaborar en un taller de cine y teatro en su instituto. Yo acepté y _____ me sugirió organizarlo contigo. _____ dije que estabas muy ocupada, pero _____ pensé: *Solo van a ser cuatro semanas y siempre te ha encantado trabajar con jóvenes...* Ah, _____, la respuesta tiene que ser urgente. Paco necesita confirmar nuestra colaboración para empezar a organizarlo.

2. [5] Ahora escucha el mensaje y comprueba.

3. Completa este cuadro con los marcadores de la actividad anterior.

> MARCADORES DEL RELATO

■ Sirven para indicar aproximadamente cuándo sucede: *una vez, hace unos días/meses/minutos/años…, un día,* _____

■ Sirven para dar continuidad y hacer avanzar la historia: *al principio, después, a continuación, más tarde, unos momentos después,* _____

■ Sirven para añadir, puntualizar o especificar alguna información adicional: *por cierto,* _____

4. Crea un diálogo entre Anamar y Cristian e interprétalo con un compañero. Tu profesor te dará toda la información para cada intervención.

⟩ PRETÉRITO PLUSCUAMPERFECTO

(1) Anamar llegó a Madrid a las 19:00.

(2) Cristian dejó el mensaje a las 19:30.

■ **Fíjate:** *Cuando Cristian dejó el mensaje, Anamar **ya había llegado** a Madrid.*

■ **El pretérito pluscuamperfecto** se usa para hablar de hechos terminados en un momento anterior a otro momento en el pasado.

⟩ Otros usos, ver *Apéndice gramatical*, pág. 116

Yo	había	
Tú	habías	**lleg**ado
Él/ella/usted	había	**com**ido
Nosotros/as	habíamos	**viv**ido
Vosotros/as	habíais	
Ellos/ellas/ustedes	habían	

5. **Fíjate en la trayectoria de Anamar, una de los ponentes del taller de teatro, y completa las siguientes frases empleando el pretérito indefinido o el pretérito pluscuamperfecto.**

Web - Anamar Orson

Sobre mí   Descripción   Perfil

ANAMAR ORSON

» Nació en Valencia, en 1970, donde vivió hasta que comenzó sus estudios universitarios en Barcelona.

» Terminó la carrera de Filología Clásica en 1992.

» Se mudó a Roma en 1993 y, dos años después, comenzó un máster en cine y televisión que terminó en 1998.

» En 1999 regresó a España, realizó un curso para enseñar español a extranjeros y comenzó a trabajar en una escuela de idiomas de Madrid.

» En el año 2001 escribió su primer guion para una miniserie de Telemadrid, lo firmó con el apellido de origen irlandés de su madre y, desde entonces, comenzó a llevar ese apellido.

» Rodó su primer corto en el año 2003, por el que recibió el premio del Festival de Cine de San Sebastián.

» En febrero de 2005 dejó la escuela. Un mes después, empezó a rodar *Laberinto*, su primera película premiada con dos goyas a la mejor película y al mejor actor revelación.

Sígueme en:

flickr   t   f

---

a. Cuando Anamar .... (escribir) su primer guion ya .... (comenzar) a trabajar en una escuela.

b. Antes de rodar su primera película, Anamar ya .... (escribir) un guion para Telemadrid.

c. Cuando .... (terminar) de rodar *Laberinto*, Anamar ya .... (dejar) la escuela de idiomas.

d. Cuando Ana se .... (hacerse) famosa por su primera película ya .... (cambiarse) el apellido.

Practica lo que has aprendido con el material interactivo extra.

Palabra por palabra

1. ¿Qué prefieres: el cine o el teatro? ¿Cuándo fuiste por última vez? ¿Qué obra de teatro o película viste? ¿Sobre qué trataba? ¿Te gustó? Habla con tu compañero.

2. Clasifica las siguientes palabras en el cuadro.

> escenario ○ cámara ○ actor ○ corto ○ director/a ○ guion ○ aplausos ○ actriz ○ decorado espectador/a ○ premio ○ escritor/a ○ obra ○ rodaje ○ público ○ taquilla ○ telón ○ película compañía ○ cartelera ○ efectos especiales ○ festival ○ séptimo arte ○ cineasta ○ argumento

Cine	Teatro	Cine y teatro

3. Ahora, asocia estos verbos con sustantivos del cuadro anterior. ¿A qué profesiones corresponden estos verbos? Después, relaciónalos con profesiones de ese ámbito.

a. Interpretar… ➡ ....

b. Estrenar… ➡ ....

c. Abrir… ➡ ....

d. Rodar… ➡ ....

e. Protagonizar… ➡ ....

f. Escribir… ➡ ....

4. Completa las fichas técnicas de la cartelera y relaciónalas con sus géneros. Tu profesor te dará información sobre las películas.

Nacionalidad			
Año de estreno			
Dirección			
Protagonistas			
Lugares donde se rodó			
Género			

Géneros de cine

comedia · drama · terror · romántica · ciencia ficción

acción · denuncia social · histórica · independiente · aventuras

5. Completa estas opiniones sobre el cine con las palabras de arriba.

a. No me gusta ir al cine para ver historias de amor tontas. Odio esas películas .... tan típicas del cine comercial como *3 metros sobre el cielo*. Prefiero sufrir un poco con las historias tristes y realistas de los .... o de las duras películas del cine de .... como *También la lluvia*, donde se habla sobre la eterna opresión de los poderosos sobre los débiles en cualquier época o contexto. Bueno, y también me gustan las películas ...., como *Ágora*, donde puedes aprender sobre lo que sucedió en otras épocas sin tener que estudiar.

b. A mí me encanta morirme de miedo viendo una peli de ...., como *Rec*, o imaginar mundos de fantasía con una película de ...., como *Verbo*, o de .... de personajes como *Águila Roja*. Otra opción para un viernes por la noche es partirse de risa con una buena .... como *Familia*. Las carcajadas son muy buenas para la salud, por eso no me gustan las películas lacrimógenas.

c. Cuando voy al cine prefiero no pensar demasiado y pasar un buen rato, por eso no entiendo a la gente que odia el cine comercial. Dicen que el cine .... es muy artístico, pero muchas personas creemos que es demasiado serio y aburrido. En general, me gusta mucho el cine comercial, excepto las películas de ...., como *Celda 211*, creo que son demasiado violentas.

6. Vuelve a leer los textos y busca expresiones con estos significados.

a. Reír mucho.
b. Sonido que hacemos al reír.
c. Divertirse.
d. Pasar mucho miedo.
e. Película que hace llorar.

7. Relaciona las expresiones coloquiales con su significado.

1. ¿Qué tal los exámenes? –*Me ha ido de cine.*
    a. Me ha ido muy bien y lo he aprobado todo.
    b. Los resultados han sido normales.

2. ¿Vas a invitar a Matilde a tu fiesta? Es muy *cómica*.
    a. Es muy famosa.
    b. Es muy graciosa y divertida.

3. ¡No *hagas el drama*! Solo era un móvil.
    a. No exageres.
    b. No te preocupes.

4. Carmen *es muy protagonista*.
    a. Siempre quiere ser el centro de atención.
    b. Quiere ser actriz.

5. Carlos es *un peliculero*.
    a. Rueda películas.
    b. Es un poco mentiroso y exagerado.

EXTENSIÓN DIGITAL

Practica lo que has aprendido con el material interactivo extra.

La letra *h*

- En español la letra *h* no se pronuncia nunca: *hola, hoy, hablar.*
- Se escriben con **h**:
  - Las palabras que empiezan por **hue-**, **hie-**, **hui-**: *huevo, hierba, huida.*
  - Las palabras que empiezan por los prefijos **hidro-**, **hiper-**, **hipo-**, **helic-**, **homo-**, **hetero-**: *hidrógeno, hipermercado, hipopótamo, hélice, homogéneo, heterogéneo.*
  - La mayoría de las palabras que empiezan por **hosp-**, **horm-**, **horn-**, **herm-**, **hern-**: *hospital, hormiga, horno, hermético, hernia…* Hay excepciones como: *Ernesto, ermita.*
  - Otras palabras se escriben con **h** por derivación de palabras de la misma familia: *habitante, habitar, habitación…*

1. Usa el diccionario y completa el cuadro.

hue-	*hie-*	*hidro-*	*hiper-*

La letra *h* en palabras homófonas

- Existe un grupo de expresiones que suenan igual, pero que tienen significados diferentes:
  - **a** (preposición) ⬅/➡ **ha** (verbo *haber*)
    *Voy **a** la estación.   No **ha** llegado el tren.*
  - **ay** (exclamación) ⬅/➡ **hay** (verbo *haber*) ⬅/➡ **ahí** (adverbio)
    *¡**Ay**! Me he golpeado con esa mesa que **hay** que quitar de **ahí**.*
  - **haber** (verbo) ⬅/➡ **a ver** (preposición + verbo)
    *Este curso no va a **haber** excursión. **A ver** qué hacemos.*
  - **hecho** (verbo *hacer*) ⬅/➡ **echo** (verbo *echar*)
    *He **hecho** un café. Siempre le **echo** dos cucharadas de azúcar.*
  - **hola** (saludo) ⬅/➡ **ola** (movimiento del agua del mar)
    *¡**Hola**! ¿Qué te ha pasado?   Estaba en la orilla, vino una **ola** y me mojó.*

2.  Completa con las palabras homófonas anteriores. Después, escucha y comprueba.

a. Mónica .... vuelto .... Madrid.
b. Ven .... estos libros de cine tan chulos, creo que los van .... vender todos y no va .... haber más hasta el próximo mes.
c. ¡............ Isaac! Quita el portátil de ...., ¿no ves que no .... espacio suficiente?
d. ¡............ Sergio! ¿Has visto qué .... tan buenas .... para hacer surf?
e. Otra vez he .... una tortilla horrible, siempre le .... demasiada sal.

 Practica lo que has aprendido con el material interactivo extra.

Prueba de comprensión de lectura

1. A continuación encontrarás un texto y tres preguntas sobre él. Marca la opción correcta.

XII EDICIÓN DE JÓVENES TALENTOS CINEMATOGRÁFICOS

Una apuesta por el cine más actual

El pasado 4 de marzo se celebró el duodécimo certamen de jóvenes talentos cinematográficos. Al evento asistieron no solo directores y actores noveles, sino que contó con la presencia de un buen número de veteranos que acudieron a interesarse por el trabajo de las nuevas generaciones.

Este año la Academia de las Artes y las Ciencias Cinematográficas de España, organismo dependiente del Ministerio de Cultura, ha contado con un presupuesto mucho más bajo que en años anteriores, por lo que, después de unos meses de muchas dudas, ha conseguido celebrar su duodécima edición con la ayuda de la publicidad de empresas privadas.

En la apertura del acto la presentadora, Amelia Guillén, agradeció la colaboración de estas empresas patrocinadoras y pidió al público un fuerte aplauso para los más de 300 candidatos a los diferentes premios.

Antes de entregar el primer premio, Amelia Guillén dedicó unas palabras a todos los profesionales anónimos del séptimo arte, técnicos de sonido, cámaras, maquilladores, decoradores…"todos ellos absolutamente imprescindibles, pero invisibles para la gran mayoría del público", señaló la presentadora.

1. Al certamen acudieron…

    a. actores y directores jóvenes únicamente.
    b. actores y directores de diferentes generaciones.
    c. actores y directores de diferentes partes del mundo.

2. Este año el certamen ha estado en peligro…

    a. por las pocas ayudas recibidas del Estado.
    b. porque había pocas empresas patrocinadoras.
    c. por la falta de candidatos.

3. La presentadora del certamen…

    a. pidió un gran aplauso a los profesionales anónimos.
    b. se emocionó al entregar el primer premio.
    c. reconoció el trabajo de profesionales del cine no conocidos por el público.

Breve historia del cine español

1. Lee estos textos y ordénalos por orden cronológico.

a

Tras la muerte de Franco en 1975 y el inicio de la transición a la democracia, comenzó un importante periodo de libertad artística.

Sin embargo, en los años setenta el cine español sufrió una profunda crisis por la falta de infraestructuras. De esta época se recuerdan películas de reconocidos cineastas como Elías Querejeta y Pilar Miró, entre otros.

A partir de los años ochenta comienza un gran periodo para el cine español, directores como Pedro Almodóvar, José Luis Garci, Bigas Luna, y Montxo Armendáriz, entre otros, iniciaron en estos años sus carreras y las desarrollaron con éxito nacional e internacional durante la década posterior.

Además, en 1986 se fundó la Academia de las Artes y las Ciencias Cinematográficas, organismo encargado de la organización de los famosos premios Goya y que ha promocionado y difundido los méritos del cine producido en este país.

En la actualidad son muchos los directores españoles con éxito y reconocimiento internacional. Junto a los anteriormente nombrados, triunfan películas de Alejandro Amenábar, Julio Médem, Fernando León de Aranoa e Isabel Coixet.

b

El cine producido durante el franquismo fue, en general, un medio de propaganda de las ideas políticas, morales y religiosas oficiales. Las películas contrarias a la dictadura se censuraban, o simplemente se prohibían. Florecieron las películas religiosas, las comedias y las películas de heroína folclórica o niños prodigio. En todas se exageraban los rasgos estereotípicos españoles y se defendían los valores políticos y religiosos del franquismo. A pesar de esta difícil situación, hubo casos de excepcionales directores como Luis García Berlanga y Juan Antonio Bardem, que consiguieron burlar la moral oficial rodando brillantes películas con influencia del realismo italiano de los años cincuenta, por ejemplo, *Bienvenido Mister Marshall*, de Luis García Berlanga (1953).

c

El 11 de octubre de 1896 Eduardo Jimeno Correas filmó *Salida de la misa de doce de la iglesia* del Pilar de Zaragoza con la primera cámara Lumière que un año antes había comprado en Lyon, Francia. Un año después, el barcelonés Fructuós Gelabert rodó *Riña en un café*, la primera película española con argumento. Posteriormente, el siglo XX comenzó con una producción de cine casi inexistente hasta finales de los años 20, época de vanguardias artísticas en Europa. Surgió así el cine experimental, representado por directores como Luis Buñuel que, con impactantes películas como *Un perro andaluz*, consiguió el prestigio internacional y cierto escándalo en España.

d ....

Cuando en 1928 llegó el cine sonoro a España, pocas productoras habían desarrollado medios técnicos para realizar películas, esto provocó una crisis en la producción de trabajos cinematográficos, basados principalmente en adaptaciones literarias y alguna película experimental. De esta época destaca un buen número de documentales sobre la agitación social y política de los primeros años 30. La llegada de la Guerra Civil produjo una lógica crisis cinematográfica por la destrucción de los estudios y la confiscación de cintas del momento. El final de la Guerra, con la victoria fascista del franquismo, inició una política de represión ideológica que afectó a todos los campos artísticos; así, en 1945, se quemaron todos los trabajos que se habían confiscado y numerosos cineastas brillantes tuvieron que exiliarse para poder seguir trabajando con libertad.

LUIS BUÑUEL, LAS HURDES

2. Ahora, escribe estos títulos en su texto correspondiente.

- Cine y Guerra Civil.
- El cine español y la Dictadura.
- Los inicios.
- El cine español después de la Transición.

3. Busca en los textos las frases donde se recogen estas afirmaciones.

a. Las películas de Buñuel tuvieron proyección internacional pero no se entendieron muy bien en España.

➡ ....

b. El ejército fascista retiró las películas y destruyó estudios cinematográficos.

➡ ....

c. Muchos de los mejores directores huyeron al extranjero por miedo a la represión.

➡ ....

d. El régimen franquista vigiló y controló las actividades cinematográficas.

➡ ....

e. La película *Bienvenido Mister Marshall* no fue censurada.

➡ ....

4. Investiga sobre la obra de algunos directores mencionados en el último periodo. ¿Cuáles han ganado algún óscar en Hollywood?

5 Busca en Internet información sobre estas películas y descubre qué tienen en común.

Practica lo que has aprendido con el material interactivo extra.

¡Me lo sé!

Reaccionar ante una información   .... /4

1. Relaciona.

1. Los materiales del taller son gratis.   •

2. ¡Han robado las cámaras del taller!   •

3. Han publicado las notas del examen de español.   •

4. Te aseguro que te envié el correo. ¿De verdad que no lo has recibido?   •

• **a.** ¡Qué fuerte! Las compraron ayer.

• **b.** No, ¡qué raro!

• **c.** ¡Qué guay!

• **d.** ¡Anda ya! si lo hicimos ayer.

Uso de *por/para*   .... /5

2. Decide si son correctos los usos de *por* y *para*.

	✓	✗
a. El estreno de su primera película fue *para* mayo.	☐	☐
b. Mis padres van al cine una vez *por* semana.	☐	☐
c. Mi sueño es poder viajar *para* el mundo.	☐	☐
d. Gracias *para* todo.	☐	☐
e. Es una película muy fuerte, no es muy adecuada *para* todas las edades.	☐	☐

Expresar causa y finalidad   .... /4

3. Transforma estas frases con las estructuras propuestas. Haz los cambios necesarios.

a. Llegué tarde a clase porque no sonó el despertador. (*como*)

➜ ....

b. El partido se canceló por la fuerte lluvia. (*porque*)

➜ ....

c. La película tuvo muy mala crítica debido a su violencia. (*por*)

➜ ....

d. Con el objetivo de mejorar las instalaciones, la biblioteca estará cerrada una semana. (*para*)

➜ ....

Marcadores del relato   .... /4

4. Teniendo en cuenta que hoy es lunes, crea una breve historia con los siguientes marcadores y frases.

- *media hora antes*
- *y entonces*
- *al final*
- *El otro día*

Había hablado con Ricardo para ver una película en mi casa (viernes, 17:00)/ Le comenté el plan (viernes, 17:35)/ Quedamos en mi casa (viernes, 20:00)/ Daniela me llamó para ir al cine (viernes, 17:30).

El otro día Daniela me llamó...

Contraste de pasados

.... /16

5. **Escribe los verbos entre paréntesis en el tiempo pasado correcto.**

Cristian ....1................ (nacer) en 1971 en Bilbao, ciudad en la que ....2................ (realizar) sus estudios de Bellas Artes. Tres meses antes de terminar la carrera, ...3................ (decidir) su profesión, quería ser actor y ....4................ (mudarse) a Londres para perfeccionar su inglés y estudiar interpretación. Durante el tiempo en que ....5................ (vivir) en Londres, por las mañanas ....6................ (estudiar) Arte dramático y por las tardes ....7................ (enseñar) español. Encontró ese trabajo con la ayuda de Paco, un profesor de español que ....8................ (conocer) antes de subir al avión en Madrid. En 1999 ....9................ (trasladarse) a Madrid, donde ....10................ (continuar) trabajando como profesor de español, de nuevo con Paco, que ya ....11................ (regresar) a España un año antes. En la escuela ....12................ (conocer) a Anamar y en el año 2002 ....13................ (actuar) por primera vez en una serie de televisión que ....14................ (escribir) su compañera Anamar el verano anterior.

Por esta serie se hizo muy famoso y desde entonces no ....15................ (parar) de trabajar en cine, televisión y teatro. De hecho, se rumorea que últimamente ....16................ (recibir) varias ofertas de algunos de los directores más prestigiosos del mundo del cine.

El cine y el teatro

.... /5

6. **Completa estas frases con una palabra o expresión relacionada con el cine y el teatro.**

a. Una persona que a menudo no dice la verdad es un/a ....
b. Un tipo de cine más relacionado con el arte que con la taquilla es el cine ....
c. Cuando he tenido un gran día o todo me ha salido bien digo que *me ha ido* ....
d. Cuando vamos al cine para ver una comedia podemos escuchar muchas ....
e. Para comprar las entradas de una peli o una obra tienes que pasar por la ....

El uso de la *h*

.... /5

7. **Elige la opción correcta.**

a. Quita el bolso de **hay/ahí/ay**, no es un lugar seguro.
b. Esta semana hemos **hecho/echo** muchos exámenes.
c. Hoy es un poco peligroso bañarse en el mar con estas **holas/olas**.
d. Corren porque creen que no va a **ver/haber** entradas.
e. Francisca **ha/a** salido **a/ha** correr esta mañana.

El cine español

.... /5

8. **Contesta verdadero (V) o falso (F).**

	V	F
a. El cine español de los años sesenta fue el más exitoso.	☐	☐
b. La primera película española no documental es de principios del siglo XX.	☐	☐
c. El director de cine Pedro Almodóvar ha conseguido dos óscar a lo largo de su carrera.	☐	☐
d. Durante la Dictadura se produjeron muchas películas con cantantes como protagonistas.	☐	☐
e. El cine español empezó a triunfar en el extranjero en el año 2000.	☐	☐

Practica lo que has aprendido con el material interactivo extra.

Érase una vez...

Lorca y la Generación del 27

Federico García Lorca fue un escritor andaluz perteneciente a la Generación del 27, __(1)__ . La mayoría de los miembros del grupo estudió la obra de los clásicos españoles, publicó en las mismas revistas, vivió en la Residencia de Estudiantes y cultivó una literatura basada en la mezcla de lo popular y de lo culto, de lo tradicional y de lo moderno y miraba a su entorno español y al ámbito universal.

Lorca, como casi todos sus compañeros, apoyó públicamente las reformas democráticas de la II República, en especial las dedicadas a la cultura y la educación, __(2)__ .

Cuando en 1939 Franco ganó la Guerra Civil muchos de estos escritores tuvieron que huir al extranjero por miedo a la represión del nuevo gobierno fascista. __(3)__ . Algún tiempo antes Lorca había recorrido España con *La Barraca* y había viajado a Nueva York y a Argentina, país en el que continuó con sus obras de teatro.

Sus poemas más conocidos son *Romancero Gitano* (1928), *Poeta en Nueva York* (1930) y *Poema del cante jondo* (1931). __(4)__ (en todas se producen conflictos entre las normas establecidas y la libertad). Sus temas son el amor, la muerte, el destino, la soledad, la frustración, la tradición, el campo… Sus personajes favoritos la mujer, los gitanos, los niños y los marginados. Escribió con un cuidado estilo, tradicional y vanguardista al mismo tiempo, __(5)__ .

1. Las siguientes frases están extraídas del texto que acabas de leer. Escribe al lado de cada una de ellas el número del lugar en el que deberían aparecer.

a. Sus obras de teatro más famosas son *Bodas de sangre* (1933), *Yerma* (1934) y *La casa de Bernarda Alba* (1936) ➡ ....

b. un grupo de escritores que compartieron experiencias y características literarias comunes. ➡ ....

c. y su lenguaje sigue siendo muy investigado por sus enigmáticos símbolos: la luna, el caballo, el agua, los gitanos… ➡ ....

d. Federico García Lorca no tuvo tanta suerte y murió asesinado en 1936, el mismo año en el que estalló la Guerra Civil. ➡ ....

e. y fundó la compañía teatral *La Barraca* con la que estuvo dirigiendo e interpretando diversas obras de teatro por toda la geografía española. ➡ ....

2. Lee estos fragmentos y relaciónalos con la obra de teatro de Federico García Lorca a la que pertenecen.

1

Señora: Niña, dame un abanico.

Amelia: Tome usted. (*Le da un abanico redondo con flores rojas y verdes.*)

Señora: (*Tirando el abanico al suelo*) ¿Es este el abanico que se da a una viuda? Dame uno negro y aprende a respetar el luto de tu padre.

Martirio: Tome usted el mío.

Señora: ¿Y tú?

Martirio: Yo no tengo calor.

Señora: Pues busca otro, que te hará falta. En ocho años que dure el luto no ha de entrar en esta casa el viento de la calle. Haceros cuenta que hemos tapiado con ladrillos puertas y ventanas. Así pasó en casa de mi padre y en casa de mi abuelo.

2

Chica joven y guapa:

¡Ay qué prado de pena!
¡Ay qué puerta cerrada a la hermosura!,
que pido un hijo que sufrir, y el aire
me ofrece dalias de dormida luna.
Estos dos manantiales que yo tengo
de leche tibia, son en la espesura
de mi carne, dos pulsos de caballo
que hacen latir la rama de mi angustia.
¡Ay, pechos ciegos bajo mi vestido!
¡Ay, palomas sin ojos ni blancura!
¡Ay, qué dolor de sangre prisionera
me está clavando avispas en la nuca!
Pero tú has de venir, amor, mi niño,
porque el agua da sal, la tierra fruta,
y nuestro vientre guarda tiernos hijos
como la nube lleva dulce lluvia.

☐ **Yerma**

Obra teatral de Federico García Lorca que narra la historia de Yerma, una joven campesina que sufre porque desea tener un hijo. La directora Pilar Távora adaptó la obra y en 1999 se estrenó en el cine.

☐ **La casa de Bernarda Alba**

Fue la última obra de teatro de Lorca. En ella Bernarda, mujer tradicional y autoritaria, encierra a sus hijas jóvenes en casa tras la muerte de su marido.

La obra se llevó al cine en 1987 en una película del director Mario Camus.

3. Contesta estas preguntas.

a. ¿Cómo se llaman los personajes presentados como "Señora" y "Chica joven y guapa"?

➡ ....

b. ¿Qué características de la obra de Lorca observas en los textos?

➡ ....

c. ¿Qué tienen en común ambas obras?

➡ ....

¡SuperEspacio!

Contenidos funcionales

- Pedir y dar consejos o recomendaciones
- Pedir permiso y favores
- Expresar probabilidad o hipótesis en el pasado

Contenidos gramaticales

- El condicional simple: morfología y usos

Contenidos léxicos

- Léxico relacionado con la salud y la comida

Fonética y ortografía

- La letra *y*
- La letra *x*
- La cursiva

Contenidos culturales

- Sistema sanitario español
- Buenos o malos hábitos de los españoles
- La dieta mediterránea

Relato

- José Lezama Lima, *Paradiso*

¿Qué ves?

1. **Fíjate en la imagen y elige la opción correcta.**

1. La imagen representa:

- **a.** ☐ una revista de moda.
- **b.** ☐ una revista de cocina.
- **c.** ☐ una revista para jóvenes.

2. ¿Qué tipo de programa crees que es *Amor en directo*? Un programa:

- **a.** ☐ para encontrar pareja.
- **b.** ☐ de canciones de amor.
- **c.** ☐ de cotilleos de amor.

3. Maruchi es:

- **a.** ☐ actriz.
- **b.** ☐ cocinera.
- **c.** ☐ bailarina.

4. Mónica Pérez es:

- **a.** ☐ una famosa actriz.
- **b.** ☐ una cocinera.
- **c.** ☐ la participante de un concurso para encontrar pareja.

2. **Lee el texto y descubre a qué fotografía se refiere.**

Parece ser que el amor está en el aire. Varios rumores circularon días atrás sobre la famosa pareja, aunque esta foto parece confirmar que se aman.

Trabajamos con el diálogo

3. 🎧 **7** **Escucha el diálogo y contesta a las preguntas.**

	Carla	Lucía
a. ¿Quién está muy "enamorada" de Maxi Castro?	☐	☐
b. ¿Quién sabe más sobre la vida de Mónica Pérez?	☐	☐
c. ¿A quién no le gusta la comida sana?	☐	☐
d. ¿Quién pide ayuda para contestar un test?	☐	☐
e. ¿Quién cree que la entrevista tiene mucha información sobre la vida de Maxi?	☐	☐

4. **Ahora lee el diálogo y contesta. Corrige las afirmaciones falsas.**

Lucía: Mira las fotos que trae esta semana la *SuperEspacio*. Hay una entrevista a Maxi Castro.

Carla: ¿Maxi Castro? Déjame ver… Yo estoy enamoradísima de ese actor… Es tan guapo y tan simpático.

Lucía: Mira… también viene un test para saber si conoces bien la vida de Maxi… Y si aciertas todas las preguntas, participas en el sorteo de un viaje a París, la ciudad del amor. **¿Podrías ayudarme?**

Carla: Claro, yo conozco todos los secretos de la vida de Maxi. De todos modos, **yo que tú** primero **leería** la entrevista y después **contestaría** el test. Seguro que esa entrevista contiene mucha información.

Lucía: ¿Has visto que parece que Mario Medina y Mónica Pérez están juntos?

Carla: ¿Mónica Pérez es la actriz de la película *La soga*?

Lucía: Carla, **deberías estar más informada…** Es la actriz de la serie *Sombras*. Es la que hace el papel de mala.

Carla: Bueno, vale. También sale la cocinera esa de *Salud al día*, el programa de televisión… A mi madre le encanta y en casa nos lo pone todos los días.

Lucía: A mí no me saques de las hamburguesas y las patatas fritas. Odio las verduras.

Carla: ¿En serio? No me lo puedo creer. Pues **deberías comer** más verdura. Es muy buena para la salud.

	V	F
a. Maxi Castro es un cantante muy famoso.	☐	☐
b. *Salud al Día* es un programa de cocina sana.	☐	☐
c. La actriz Mónica Pérez es protagonista en una serie de televisión.	☐	☐
d. La cocinera y el actor tienen un romance.	☐	☐

5. **En el diálogo aparecen frases destacadas en negrita con un nuevo tiempo: el condicional simple. ¿Para qué crees que se usan en cada caso? Relaciona.**

1. ¿**Podrías** ayudarme? •

2. Yo que tú **leería** la entrevista y después **contestaría** el test. •

3. **Deberías** estar más informada… •

4. **Deberías** comer más verdura. •

• **a.** Para dar una recomendación o un consejo.

• **b.** Para pedir un favor.

Practica lo que has aprendido con el material interactivo extra.

Hablar por hablar

> ## PEDIR Y DAR CONSEJOS O RECOMENDACIONES

- Para **pedir consejos**:

  - *¿Qué puedo hacer?*   - *¿Podrías aconsejarme?*   - *¿Tú qué harías?*

- Para **dar consejos** o recomendaciones:

  - *Yo/Yo que tú/Yo en tu lugar,* comería de una manera más saludable.
  - *Deberías/podrías* acostarte. Es tarde.

  Otras formas:

  - ¿*Y si* comes menos fritos?   - **No fumes**. Te hace daño.
  - ¿*Por qué no* vas al médico?   - Juan y tú **tenéis que** ir a ver esa película. Es preciosa.
  - **Coge** un taxi, llegarás más rápido.

1. Maxi Castro va a rodar una nueva película y los productores han organizado un *casting* para encontrar a una chica "actual" que participe con él. Carla se ha apuntado a las pruebas pero ahora está muy nerviosa y cree que lo hará fatal. ¿Puedes ayudarla dándole algunos consejos?

- a. .... me aprendería muy bien el papel.
- b. ¿Y si ....? Vais a ser muchos en el *casting*.
- c. .... me tomaría una infusión relajante antes de la prueba.
- d. Deberías ....
- e. .... intentaría llegar de las primeras, seguro que después están cansados de ver a tanta gente.
- f. ¿Por qué no ....? Tú lo haces muy bien y eso es un punto extra a tu favor.

2. La cocinera Maruchi da a sus telespectadores algunos consejos para llevar una alimentación rica y saludable. Completa los diálogos con los siguientes verbos.

> podrías ○ practicaría ○ tomaría ○ deberías ○ comería ○ harías ○ disminuiría ○ prepararía

a.

Isabel: Maruchi, te veo todos los días, mi problema es que últimamente estoy engordando mucho, ¿tú qué .... para adelgazar?

Maruchi: Yo que tú .... con moderación y .... las comidas con aceite, preferentemente crudo. También .... el consumo de azúcar y de sal.

Isabel: Uf… todo eso ya lo hago, pero engordo…

Maruchi: A lo mejor consumes más calorías de las que necesitas. En ese caso, yo en tu lugar, ... ejercicio diariamente.

b.

Alicia: Hola Maruchi, me encanta tu programa. Mira, mi problema es que últimamente me encuentro muy cansada y, a veces, me duele la cabeza. El médico dice que estoy sanísima, pero yo me siento sin energías, ¿..................... darme algunos consejos?

Maruchi: Alicia, querida. ¿Seguro que te alimentas bien? En primer lugar, ... incluir legumbres y frutos secos en tu dieta. Para el dolor de cabeza, yo que tú .... abundante cantidad de agua durante todo el día.

3.  Ahora escucha y comprueba tu respuesta.

4. Tu profesor te va a repartir unas tarjetas. Habla con tu compañero, pídele consejos para tus problemas y dáselos a los suyos.

PEDIR PERMISO Y FAVORES

- Para **pedir permiso** decimos:

  - ¿**Te importa si** me llevo estos libros?
  - ¿**Puedo** cerrar la puerta?
  - ¿**Podría** salir un poco antes de clase?

- Para **pedir favores** decimos:

  - ¿**Me dejas** un boli?
  - ¿**Te importaría** llevar estos libros a la biblioteca? } *Formal*
  - ¿**Podrías** dejarme tu diccionario de español?
  - ¿**Sería** tan amable de decirme la hora? } *Muy formal*

- Para **explicar** o **justificar** el porqué de la petición se utiliza **es que**…

  - **Es que** el mío lo he perdido.

5. ¿Te acuerdas del programa *Amor en directo*? A él acuden personas que quieren encontrar pareja. Veer es un inmigrante hindú que vive en España y busca novia. Quiere ser amable y educado para causar buena impresión a la chica que va a conocer. Mientras espera en el camerino, fantasea sobre lo que le pasará en la cita. Relaciona.

1. ¿Te importa si •   • a. pasarme la sal?
2. ¿Podría •   • b. te llamo para vernos otro día?
3. ¿Puedo •   • c. invitarte a cenar?
4. ¿Me dejas •   • d. acompañarte a casa?
5. ¿Le importaría •   • e. aconsejarnos en la comida?
6. ¿Podrías •   • f. hacernos una foto juntos?

6. Escribe el número de las frases del ejercicio anterior al lado de la situación en la que Veer las diría.

- a. ☐ Están cenando y la comida está sosa.
- b. ☐ Acaban de salir del restaurante.
- c. ☐ Se acaban de sentar en la mesa del restaurante y piden ayuda al camarero.
- d. ☐ Se están despidiendo después de la cita.
- e. ☐ Han salido del plató de *Amor en directo* y están pensando qué hacer.
- f. ☐ Están pasando una buena noche y le pide al camarero un recuerdo de ella.

EXPRESAR PROBABILIDAD O HIPÓTESIS EN EL PASADO

- Si queremos **expresar probabilidad** en el pasado, decimos:

  - *Anoche* **me acostaría** *sobre las 2.* (Serían aproximadamente las dos, pero no estoy seguro).
  - **Tendría** *unos 15 años cuando conocí a Sara.* (No recuerda con exactitud la edad que tenía).

7. La chica que tenía que encontrarse con Veer no ha venido al programa. En parejas, hablad sobre los posibles motivos.

Sería…   Tendría…   Se quedaría…   Estaría…

EXTENSIÓN DIGITAL

Practica lo que has aprendido con el material interactivo extra.

Paso a paso

> ## CONDICIONAL SIMPLE (I)

Verbos regulares			
	Cantar	**Comer**	**Escribir**
Yo	cantar**ía**	comer**ía**	escribir**ía**
Tú	cantar**ías**	comer**ías**	escribir**ías**
Él/ella/usted	cantar**ía**	comer**ía**	escribir**ía**
Nosotros/as	cantar**íamos**	comer**íamos**	escribir**íamos**
Vosotros/as	cantar**íais**	comer**íais**	escribir**íais**
Ellos/as/ustedes	cantar**ían**	comer**ían**	escribir**ían**

Podrías dedicarte al deporte a nivel profesional. Eres muy bueno.

■ El **condicional simple** se usa para:

- Dar consejos o recomendaciones:
  Yo/yo que tú/yo en tu lugar, comería más fruta y verdura. Comes fatal.
  Deberías escribirle un mensaje. Creo que está preocupado.
  Podrías dedicarte al deporte a nivel profesional. Eres muy bueno.

- Pedir permiso y favores:
  ¿**Te importaría** hacerme un favor? Es que mañana tengo un examen…

- Expresar probabilidad o hipótesis en el pasado:
  En aquella época yo **ganaría** unos 1000 euros al mes.

---

1. La chica de la izquierda es Jazmín, que finalmente ha asistido al programa a conocer a Veer porque su amiga la ha convencido. Lee el diálogo entre las dos amigas y completa con los verbos correspondientes.

Jazmín: ¡Qué vergüenza! ¿Y qué hago si me hace una pregunta indiscreta?
Dhara: Yo le ....!.............. (responder) con otra pregunta.
Jazmín: ¿Y si lo veo y no me gusta?
Dhara: Pues yo que tú no ....2.............. (dejarse, yo) llevar por la primera impresión y ....3.............. (cenar, yo) con él. Si después de la cena no te gusta, no ....4.............. (participar, yo) más en el programa.
Jazmín: ¿Y si me gusta?
Dhara: Pues entonces ....5.............. (seguir) conociéndolo y sobre todo ....6.............. (quedar) con él fuera de las cámaras, ya sabes que la televisión engaña mucho… Si no que te lo digan a ti, que no querías ni ir…
Jazmín: Tienes razón, ...7.............. (deber, yo) conocerlo mejor. Pero, igual me enamoro de él y él no de mí, ¿te imaginas?
Dhara: ¡Ay, Jazmín! Yo no lo ....8.............. (pensar) más, ¡solo es un concurso! ....9.............. (Ir), ...10.............. (divertirse) un rato, ...!!.............. (conocer) a gente nueva y quién sabe…, igual es el hombre de tu vida.
Jazmín: ¿Y si lo es?
Dhara: Pues, entonces, yo ....12.............. (casarse) con él, y ....13.............. (ser, yo) muy feliz.
Jazmín: Y entonces… ¿me ....14.............. (ayudar, tú) a elegir vestido de novia?
Dhara: ¡¡Grrrrrr!! Que sí, ¡¡pesada!!

---

2. El pobre Veer también está muy nervioso. Como ya sabes qué opina Jazmín, ¿qué consejos le darías a Veer? Escríbelo en tu cuaderno.

Querido Veer, yo en tu lugar…

> CONDICIONAL SIMPLE (II)

Verbos irregulares							
Tener ➡ ten**dr**-	Venir ➡ ven**dr**-	Caber ➡ ca**br**-	Hacer ➡ **har**-	] ía
Poder ➡ po**dr**-	Salir ➡ sal**dr**-	Haber ➡ ha**br**-	Decir ➡ **dir**-	ías
Poner ➡ pon**dr**-	Valer ➡ val**dr**-	Saber ➡ sa**br**-	Querer ➡ quer**r**-	ía

ía
ías
ía
íamos
íais
ían

■ En todos los verbos irregulares del condicional simple, la *raíz* del verbo **cambia** y la **terminación** es la **misma** que en los verbos regulares.

3. De los siguientes verbos elige el más adecuado para cada frase y escríbelo en condicional.

> poner ○ saber ○ poder ○ estar ○ venir ○ tener ○ valer ○ decir ○ querer

a. .... unos cuatro años cuando empecé a dar mis primeros pasos como actor.

b. No tengo nada que decir respecto a mi relación con Mario Medina. Yo que tú .... en la revista que solo somos buenos amigos.

c. Jazmín no .... al programa porque .... muy nerviosa.

d. Yo .... a todos los jóvenes que comer verduras es garantía de salud para el futuro.

4. Ahora, identifica quién de los siguientes personajes de la revista *SuperEspacio* ha dicho las frases anteriores.

Mónica Pérez

Veer

Maxi Castro

Maruchi

5. Escucha estas conversaciones y entrevistas de *SuperEspacio* y relaciónalas con su personaje correspondiente.

a. Personaje: ....
– ¿Qué ......1...... si a tu hijo no le gusta el sabor de casi ninguna? ➡ *Pedir consejo*
– ......2...... usar tu imaginación. ➡ ....

b. Personaje: ....
– ......3...... la primera vez que venía a la tele. ➡ ....
– ¿Y tú qué ......4...... entonces, Luz? ➡ ....
– Mira, yo ......5...... ➡ ....

c. Personaje: ....
– Sí, ...6...... decir que sí. ➡ ....
– Creo que no ......7...... hacer otra cosa. ➡ ....
– ¿Te ......8...... firmarme un autógrafo para mi hija? ➡ ....

d. Personaje: ....
– ¿ ......9...... decirnos cuándo nació esa bonita amistad? ➡ ....
– Reconoces que Mario Medina ......10...... parte de tu vida privada. ➡ ....
– ......11...... limitarte a escribir lo que digo. ➡ ....
– Yo que tú lo ......12...... claro de una vez. ➡ ....

6.  Vuelve a escuchar las entrevistas y completa las frases con condicional. Después compáralas con tu compañero y decidid para qué se ha usado cada una.

EXTENSIÓN DIGITAL Practica lo que has aprendido con el material interactivo extra.

1. La famosa actriz Mónica Pérez sigue una dieta muy estricta para mantener su hermosa figura. Relaciona los alimentos con sus imágenes.

Aceites	Azúcares, dulces y pastelerías	Verduras y hortalizas	Frutas
1. aceite de oliva	3. bizcocho	5. berenjena	8. cereza
2. aceite de girasol	4. magdalena	6. calabacín	9. piña
		7. espinacas	10. kiwi

Legumbres	Carnes y derivados	Lácteos y derivados de la leche
11. guisantes	15. costilla de cordero	21. leche entera/descremada/desnatada
12. lentejas	16. chuleta de cerdo	22. nata
13. judías	17. pechuga de pollo	23. margarina
14. garbanzos	18. solomillo de ternera	24. yogur natural/desnatado/con frutas
	Embutidos	
	19. salchichón	
	20. chorizo	

2. Y tú, ¿qué alimentos crees que toma Mónica para seguir una dieta sana? Habla e intercambia opiniones con tu compañero.

3. Relaciona las siguientes palabras formando parejas, según el ejemplo.

leche desnatada,

leche o bebidas o merluza
ensalada o pan ó trozo de
agua o fruta o yogur o patatas

desnatada o fritas o del tiempo
de molde o con gas o desnatado o mixta
del grifo o pastel o empanada

4. Escucha la conversación telefónica entre la actriz Mónica Pérez y Maruchi, la famosa cocinera, y comprueba tus respuestas de la actividad anterior.

5. Relaciona las siguientes palabras, que se utilizan habitualmente en la preparación de comidas, con su correspondiente definición. Puedes utilizar el diccionario.

1. Añadir
2. Escurrir
3. Aliñar
4. Poner en remojo
5. Guisar
6. Enjuagar
7. Cocer
8. Congelar
9. Triturar

a. Poner un alimento en agua durante un tiempo.
b. Quitar el agua a un alimento.
c. Limpiar con agua un alimento.
d. Partir un alimento en trozos pequeños.
e. Poner alimentos a muy baja temperatura para conservarlos frescos.
f. Poner un alimento crudo en agua caliente durante un tiempo determinado.
g. Preparar los alimentos haciéndolos cocer en una salsa.
h. Poner sal, aceite, vinagre o salsas a un alimento.
i. Agregar algo a una comida.

6. Maruchi también prepara diferentes platos para la revista *SuperEspacio* y nos enseña algunos trucos para preparar una comida saludable y sabrosa. Utiliza los verbos del ejercicio anterior para completar los trucos de Maruchi.

a. Para conseguir unos garbanzos tiernos, los tienes que **1**........................ la noche anterior. Para las lentejas no es necesario, pero las tendrás que **2**........................ lentamente.

b. Si has comprado mucha carne y no la vas a comer el mismo día, la puedes **3**........................, así conservará todas sus propiedades.

c. Para hacer una salsa de almendras, antes las tendrás que **4**........................ bien.

d. Después de cocer la pasta, la tendrás que **5**........................ antes de **6**........................ la salsa.

e. Para darle más sabor a la ensalada, la puedes **7**........................ con aceite de oliva.

f. Antes de comer fruta, la deberás **8**........................ bien.

g. Para **9**........................ un buen pollo, tienes que **10**........................ al agua unas verduras o una salsa.

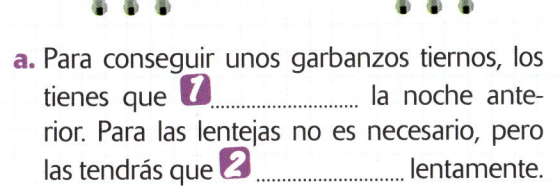
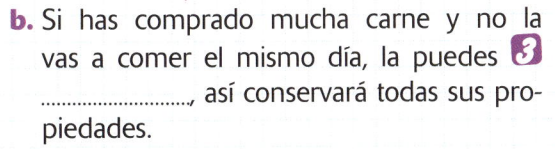

7. Y tú, ¿sabes algún truco de cocina? Seguro que sí. Habla con tu compañero y comprueba quién es más "cocinitas" de los dos.

EXTENSIÓN DIGITAL

Practica lo que has aprendido con el material interactivo extra.

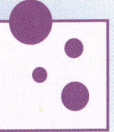

La Y

■ La letra **y** se conserva en los plurales de las palabras que en singular terminan en **y**. Así, el plural se forma añadiendo **–es** final y el sonido vocálico de **y** pasa a ser consonántico: *rey* ➡ *reyes*. Excepción: *jerséis (singular jersey)*.

■ Recuerda que hay algunos verbos que no contienen la **y** en su infinitivo, pero que sí aparece como irregularidad en las terceras personas (*oír, creer, caer* y los verbos con infinitivo terminado en **-uir**: *construir, destruir, concluir, atribuir, huir*).

1. **Forma el plural de las siguientes palabras.**

a. Ley ➡ ....   **c.** Virrey ➡ ....

b. Buey ➡ ....   **d.** Convoy ➡ ....

2. **Completa con el verbo correcto.**

a. Ayer Juan .... (oír) un ruido extraño y .... (creer) que era un ladrón. Salió corriendo para atraparlo, ... (caerse) y el ladrón .... (huir) con todo el dinero.

b. Isabel la Católica fue una gran reina, ya que .... (construir) un gran imperio.

c. El huracán .... (destruir) la casa de mis tíos en Santo Domingo.

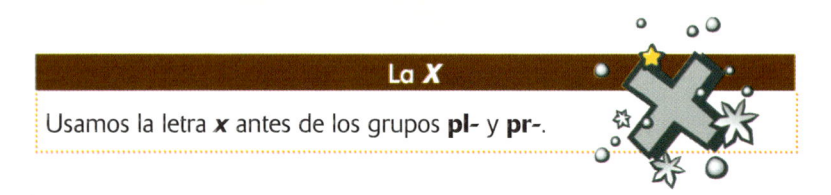

La X

Usamos la letra **x** antes de los grupos **pl-** y **pr-**.

3. **¿X o S? Completa los espacios teniendo en cuenta la regla que acabas de aprender.**

a. E......plotar   **c.** E......timado   **e.** E......tupidez   **g.** E......presar

b. E......plicar   **d.** E......presión   **f.** E......tatuto   **h.** E......tirar

La cursiva

■ Se usa especialmente en:

• Títulos de obras (literarias, artísticas, científicas o jurídicas), diarios, revistas, periódicos y publicaciones semejantes, cuando se citen por su nombre completo.
El periódico ***El País***.
Cien años de soledad es una de mis novelas preferidas.

• La mayoría de las palabras o expresiones extranjeras que no están adaptadas al español: ***blues***, ***piercing***, ***copyright***, ***software***.

4. **Subraya las palabras que deberían estar escritas en cursiva.**

a. A mí la música muy moderna me gusta pero prefiero el rock and roll.

b. Britney Spears en un concierto cantó utilizando playback.

c. Las Meninas de Velázquez es una de sus obras más conocidas.

d. La Vanguardia es uno de los principales periódicos en España.

EXTENSIÓN DIGITAL   Practica lo que has aprendido con el material interactivo extra.

Prueba de comprensión de lectura

1. A continuación tienes unos textos breves. Contesta a las preguntas.

1

SUSCRIPCIÓN A LA REVISTA

LA REVISTA PARA JÓVENES A PARTIR DE 15 AÑOS.

Ahora podrás disfrutar de las más interesantes noticias sobre actualidad, videojuegos, música, cine, deportes, literatura; propuestas de escapadas de fin de semana, salir por tu ciudad, talleres, concursos; entrevistas a tus ídolos, los consejos de Maruchi... ¡Todo esto y mucho más en la puerta de tu casa!

No te lo pienses más y aprovecha la oferta:
si te suscribes este mes,
¡recibirás gratis la revista durante 6 meses!

2

Participa en el sorteo y ¡gana un viaje a París, la ciudad del amor!

¿Cómo puedes participar?

Es muy fácil, tan solo tienes que leer la entrevista a Maxi Castro y responder al cuestionario sobre su vida que encontrarás en el interior de la revista. Después envíanos tus respuestas, bien por correo ordinario o por Internet a través de nuestra revista digital. Entre los participantes que acierten todas las preguntas se realizará un sorteo ante notario. El nombre del ganador se dará a conocer en la publicación del mes de febrero.

No lo dudes, participa y ¡gana!

3

¿Qué ver en *Madrid?*

El paseo comienza en la *Puerta del Sol*, centro de Madrid. No olvides fotografiarte junto al Oso y el Madroño, uno de los símbolos de la ciudad. Después, dirige tus pasos a la calle Arenal y busca la chocolatería *San Ginés* donde puedes desayunar un chocolate con churros.

1. Si quieres suscribirte a la revista *SuperEspacio*:
- ☐ **a.** debes tener más de 15 años.
- ☐ **b.** no necesitarás bajar al quiosco a comprarla.
- ☐ **c.** no tendrás que abonar ningún importe.

2. Podrás participar en el sorteo:
- ☐ **a.** tan solo con contestar el cuestionario y enviar tus respuestas a la revista.
- ☐ **b.** si has contestado correctamente al cuestionario.
- ☐ **c.** si acudes a la celebración del sorteo que se realizará ante notario.

3. El texto sobre Madrid recomienda:
- ☐ **a.** recorrer la calle Arenal.
- ☐ **b.** encontrar la chocolatería en la calle Arenal.
- ☐ **c.** evitar ir a la calle Arenal.

El sistema sanitario español

1. Intenta responder si son verdaderas (V) o falsas (F) las siguientes afirmaciones sobre el sistema sanitario español. Después coméntalo con tu compañero.

	V	F
a. El sistema social de salud es gratuito para todos los españoles aunque no estén trabajando.	☐	☐
b. La sanidad pública se paga con el dinero de los que más ganan.	☐	☐
c. Los extranjeros tienen que pagar si requieren los servicios de la salud pública.	☐	☐
d. España es el primer país del mundo en trasplantes y donación de órganos.	☐	☐
e. El sistema de vacunación de los españoles es pésimo. La mayoría de la gente no está vacunada.	☐	☐
f. En la sanidad pública hay que esperar mucho tiempo para operarse o ver a un especialista.	☐	☐
g. España tiene una esperanza de vida muy baja y una tasa de natalidad muy alta.	☐	☐

2. 🎧11 **Ahora escucha parte de un debate entre oyentes de un programa de radio y comprueba las respuestas anteriores.**

3. De acuerdo con la información proporcionada a través del programa radiofónico, intenta completar el siguiente texto sobre la Sanidad española.

España destaca a nivel mundial por su sistema de salud. Es gratuito para todos los españoles, incluso para los ....1.............. .

España es el número uno en ....2.......... y ....3.......... .

El sistema de vacunación de la población es uno de los más completos y alcanza a alrededor del .....4.....% de los ciudadanos.

El sistema nacional de salud es el servicio público más valorado por los españoles, y eso a pesar de que esperan una media de ....5....... para operarse y alrededor .....6..... días de media para ver al especialista.

España se encamina hacia una población envejecida. En 2060 casi el 60% de la población activa tendrá más de 60 años. La esperanza de vida al nacer es de ....7......., la más alta de la ....8.............. y la ....9....... más alta del mundo. En cambio la tasa de natalidad es ....10.............. .

Esta situación puede saturar el sistema y provocar que la sanidad española deje de tener el prestigio que ha tenido hasta ahora.

4. Piensa en tu país. ¿Qué conoces sobre el sistema sanitario? ¿Sabes cuál es la esperanza de vida? ¿Y la tasa de natalidad? Háblalo con tu compañero. Después, en vuestro cuaderno, escribid un texto similar al que acabáis de leer con la información obtenida.

La alimentación en España

5. Lee la siguiente información y marca las frases, según tu opinión, como aspectos negativos o positivos sobre la alimentación en España. Argumenta tu elección.

a. Casi la mitad de los niños españoles de 6 a 10 años tiene problemas de sobrepeso.

b. El 47,6% de los niños que comen en casa tiene sobrepeso.

c. El porcentaje de sobrepeso entre los niños que se quedan en el centro educativo disminuye hasta el 43%.

d. Los españoles no han perdido el interés por los productos tradicionales que propone la Dieta Mediterránea.

e. Los niveles de sobrepeso y obesidad infantil en las familias con menos recursos económicos están alrededor del 48%, casi ocho puntos por encima del exceso de peso detectado en las familias con más recursos económicos.

f. Hay médicos que informan de que, con el desarrollo, los cambios en los hábitos y en la alimentación sí se han producido. El desarrollo económico permitió a los españoles elevar su nivel de vida y eso se tradujo en más carne y menos actividad física.

g. Los consumidores españoles actuales apuestan por una compra de productos tradicionales asociados a la Dieta Mediterránea que están ya elaborados o semielaborados.

h. El nivel educativo de los padres también influye en la mala alimentación. Así, un 41% de los hijos de padres con estudios universitarios tiene sobrepeso u obesidad, frente al 47,9% de los que tienen estudios secundarios y el 47,6% de los que solo han alcanzado estudios primarios.

i. Existe una tendencia a alimentarse de manera más saludable debido a las diferentes campañas sobre una dieta equilibrada.

 *Positivos*

 *Negativos*

6. Y vosotros, ¿lleváis una buena alimentación? Habla con tu compañero haciéndole las siguientes preguntas.

Alumno A

a. ¿En qué consiste tu dieta?
b. ¿Te gusta la comida rápida o *fast food*?
c. ¿Te interesa comer de forma saludable?
d. ¿Ha cambiado mucho la alimentación en los últimos años en tu país?

Alumno B

a. ¿Con qué frecuencia comes verdura?
b. ¿Vas mucho a restaurantes de comida rápida?
c. ¿Dónde crees que tienes una alimentación más sana, en casa o en la escuela?
d. ¿Crees que la gente come bien en tu país?

 EXTENSIÓN DIGITAL

Practica lo que has aprendido con el material interactivo extra.

¡Me lo sé!

Dar consejos o recomendaciones ..../6

1. Da consejos de acuerdo a las fotografías.

Condicional simple ..../12

2. Relaciona las frases con sus correspondientes usos del condicional simple.

1. Estoy hecho un lío, ¿tú que harías? •
2. Yo que tú, cortaría la relación con ese chico. •
3. ¿Podría hacer una llamada? •
4. Ayer Nacho llegó muy tarde. Regresaría sobre la cuatro de la mañana. •
5. ¿Podrías dejarme tu boli azul? •

• **a.** Dar consejos o recomendaciones.
• **b.** Expresar probabilidad o hipótesis en el pasado.
• **c.** Pedir un favor.
• **d.** Pedir consejo.
• **e.** Pedir permiso.

3. Completa los espacios con el verbo en condicional simple.

a. Yo que tú, no ....(salir) a la calle sin abrigo, hace mucho frío.
b. Yo, no ....(poner) tanto peso en la estantería, creo que no lo va a resistir.
c. ....(Tener, vosotros) que tener más cuidado con el mando de la tele, ¡siempre se os cae al suelo!
d. Yo creo que ayer ....(venir, él) sobre las dos. Yo estaba ya en la cama.
e. No ....(saber, yo) qué decirte. Por un lado, te entiendo, pero por otro creo que él también tiene razón.
f. Yo en tu lugar, le ....(decir, yo) realmente lo que pienso.
g. ¿..................................(Poder, nosotros) entregar el trabajo la semana que viene?

La comida ..../21

4. Clasifica estas palabras.

piña ○ judías ○ calabacín ○ solomillo de ternera ○ lentejas ○ pechuga de pollo ○ salchichón
berenjena ○ guisantes ○ chuleta de cerdo ○ espinacas ○ costillas de cordero ○ cerezas ○ garbanzos

Carnes y derivados	Frutas	Legumbres	Verduras y hortalizas

5. Completa la receta de cocina con las siguientes palabras.

enjuagar ○ *añadir* ○ *poner en remojo* ○ *guisar* ○ *cocer* ○ *escurrir (2)*

Necesitas medio kilo de garbanzos. Para ablandarlos, los tendrás que ....1.................. el día anterior. Pasado ese tiempo, los deberás ....2.................. bien, quitándoles el agua sobrante. Las espinacas, si son frescas, se deben ....3.................. muy bien para eliminar la tierra que pueden traer; también se pueden usar las espinacas congeladas.

En primer lugar, debemos ....4.................. las espinacas cubriéndolas de agua, a fuego lento durante unos diez minutos. Después de retirarlas del fuego, para quitarles el agua, las tenemos que ....5.................. y dejar a un lado. A continuación, por separado, tenemos que ....6.................. los garbanzos con agua, aceite, ajo, cebolla y pimienta. Una vez tiernos los garbanzos, ya podemos ....7.................. las espinacas. Lo dejamos todo en el fuego durante unos dos minutos y ya tendremos listo ¡un delicioso guiso de garbanzos con espinacas!

Sistema sanitario y alimentación en España   .... /7

6. Di si las siguientes afirmaciones son verdaderas (V) o falsas (F).

	V	F
a. España es el primer país del mundo en trasplantes y donación de órganos.	☐	☐
b. Hay más sobrepeso entre los niños que comen en el colegio que entre los que comen en sus casas.	☐	☐
c. Gracias al desarrollo económico ahora comemos mejor y nos cuidamos más.	☐	☐
d. El sistema de vacunación cubre a casi la totalidad de la población española.	☐	☐
e. Los españoles actuales prefieren comprar alimentos frescos asociados a la Dieta Mediterránea.	☐	☐
f. En España nacen muy pocos niños.	☐	☐
g. Más de la mitad de los niños españoles entre 6 y 10 años tiene sobrepeso.	☐	☐

Las letras *y*, *x* y el uso de la cursiva   .... /8

7. Todas las frases tienen al menos un error. Descúbrelos y corrígelos.

a. Las leies de mi país son muy estrictas. ➡ ....

b. El periódico El País publicó una noticia sobre los reies de España. ➡ ....

c. Si sigues comiendo así, vas a esplotar. ➡ ....

d. En muchos conciertos los cantantes hacen playback. ➡ ....

e. La semana pasada mi hermano se caió en la ducha y se golpeó la cabeza. ➡ ....

f. El ladrón huió por los edificios con la famosa obra de arte La Gioconda. ➡ ....

g. El estilo espresionista pertenece al siglo XX. ➡ ....

Practica lo que has aprendido con el material interactivo extra.

Érase una vez...

1. **Lee el texto sobre la biografía de Lezama Lima y contesta a las preguntas.**

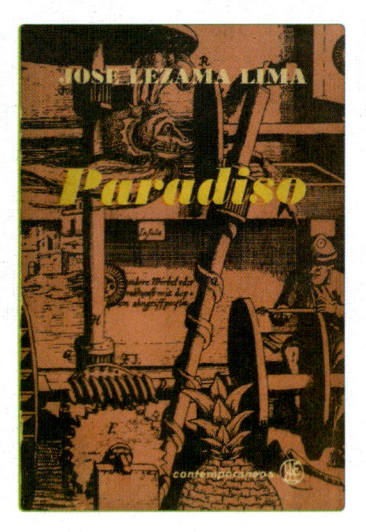

José Lezama Lima nació en Cuba en 1910 y murió en 1976.

Aunque se dedicó principalmente a la poesía y al ensayo, se le recuerda sobre todo por su faceta de novelista, en concreto por su obra *Paradiso*, publicada en 1966 y de gran repercusión internacional.

De estilo barroco, y considerado uno de los autores más importantes de la literatura hispanoamericana, ha influido en una gran cantidad de escritores de su época y posteriores.

El argumento de su principal novela se centra en la infancia y juventud de José Cemí, el protagonista, a través del cual el autor construye todo un mundo poético en el que se mezclan la realidad, el mito y la fantasía, escritos con un excelente dominio de la lengua española.

Tras su publicación, en 1971, el hecho de abordar temas como la homosexualidad, hizo que su novela no fuera bien vista por las autoridades cubanas, que la calificaron de "pornográfica" y acusaron al autor de participar en actividades contrarrevolucionarias, algo que actualmente han rectificado.

Para muchos, Lezama fue el reinventor del lenguaje cuando parecía que todo estaba ya dicho, describiendo una nueva realidad a través de la metáfora y la imagen.

a. ¿Por qué obra se reconoce internacionalmente a Lezama Lima? ¿Tuvo éxito?

➡ ....

b. ¿En qué se refleja la importancia de Lezama Lima dentro de la literatura hispanoamericana?

➡ ....

c. ¿Fue entendida en su época la obra por parte de las autoridades cubanas? ¿Por qué?

➡ ....

d. ¿Esa misma situación continúa actualmente? ➡ ....

e. ¿Qué tipo de estilo desarrolló Lezama Lima en *Paradiso*? ➡ ....

f. ¿En qué personaje se centra la novela? ➡ ....

g. ¿Qué etapas de la vida del protagonista desarrolla? ➡ ....

h. ¿Qué tipo de mundo construye Lezama Lima en *Paradiso*?

➡ ....

2. **El siguiente vocabulario forma parte de un capítulo de la novela *Paradiso*. Busca en el diccionario las palabras que no entiendas y elige la respuesta correcta.**

1. Lascas del pavo: ➡ a. Patas.   b. Trozos.   c. Plumas.

2. Garzones: ➡ a. Adultos.   b. Camareros.   c. Jóvenes.

3. Refinamiento: ➡ a. Elegancia, buen gusto.   b. Calidad de estrecho.   c. Mal sabor.

4. Pachorra: ➡ a. Nombre de persona.   b. Tranquilidad excesiva.   c. De broma.

5. Acatar: ➡ a. Ordenar.   b. Saborear la comida.   c. Obedecer.

6. Paladar: ➡ a. Parte interior de la boca, fundamental para el sentido del gusto.

b. Parte interior de la boca. Sirve para morder y triturar los alimentos.

c. Parte interior de la boca, fundamental para el sentido del olfato.

3. Lee este fragmento del capítulo VII de la novela *Paradiso*, en el que se hace una descripción pormenorizada sobre la comida servida en la mesa.

(1) *Los mayores solo probaron algunas lascas del pavo,* **(2)** *pero no perdonaron el relleno que estaba elaborado con unas almendras que se deshacían y con unas ciruelas que parecían crecer de nuevo con la provocada segregación del paladar.*

(3) *Los garzones, un poco huidizos aún al refinamiento del soufflé, crecieron su gula habladora en torno al almohadón de la pechuga,* donde comenzaron a lanzarse tan pronto el pavón dio un corto vuelo de la mesa de los mayores a la mesita de los niños, que cuanto más comían, más rápidamente querían ver al pavón todo plumado, con su pachorra en el corralón.

Al final de la comida, doña Augusta quiso mostrar una travesura en el postre. Presentó en las copas de champagne la más deliciosa crema helada. Después que la familia mostró su más rendido acatamiento al postre sorpresivo, doña Augusta regaló la receta: **(4)** *Son las cosas sencillas –dijo–, que podemos hacer en la cocina cubana,* **(5)** *la repostería más fácil, y que enseguida el paladar declara incomparables.* Un coco rallado en conserva, más otra conserva de piña rallada, unidas a la mitad de otra lata de leche condensada, y llega entonces el hada, es decir, la viejita Marie Brizard, para rociar con su anisete la crema olorosa. Al refrigerador, se sirve cuando está bien fría.

Luego la vamos saboreando, recibiendo los elogios de los otros comensales que piden con insistencia el bis, como cuando oímos alguna pavana de Lully.

Al mismo tiempo que se servía el postre, doña Augusta le indicó a Baldovina que trajese el frutero, **(6)** *donde mezclaban sus colores las manzanas, peras, mandarinas y uvas.*

4. Ahora, relaciona estas frases con las partes del texto numeradas.

a. ☐ El relleno del pavo estaba compuesto por almendras muy tiernas y buenas y con ciruelas muy ricas.

b. ☐ En el frutero había frutas de diferentes colores.

c. ☐ Los postres cubanos son de fácil preparación pero exquisitos.

d. ☐ Los jóvenes no estaban acostumbrados a esa comida tan refinada y se dedicaron a comer pollo.

e. ☐ Los adultos probaron un poco de pavo.

f. ☐ La anfitriona habla de la sencillez de la comida cubana.

5. Busca información sobre Lezama Lima y su obra en Internet y contesta a las preguntas. Después habla con tu compañero y comparad vuestras respuestas.

a. ¿En qué lugar pasó José Cemí, el protagonista de *Paradiso*, su primera infancia?

b. ¿Qué tipo de niño era José Cemí?

c. ¿Qué importante papel juega Oppiano Licario en la vida de José Cemí?

d. ¿Quién lo inicia en el mundo de la poesía?

e. ¿A qué corriente o periodo literario pertenece la obra de Lezama Lima?

f. Además de Lezama Lima, ¿qué otros autores pertenecen a este movimiento?

Ahora comprueba

LA REVISTA DEL INSTI

Los estudiantes del instituto han decidido crear su propia revista. En ella incluirán entrevistas, una sección de consejos, se hablará de cine, teatro y literatura o se informará de los últimos talleres o actividades impartidas en el centro.

1. ¿Qué revistas de jóvenes te gustan? ¿Por qué? Habla con tu compañero.

2. Relaciona los comentarios de algunos alumnos sobre la nueva revista con lo que expresan.

1. Cuenta, cuenta, ¿de quién ha sido la idea de crear la revista? •
2. ¡Qué fuerte! ¿Has visto? ¡Entrevistan a la directora de cine Anamar Orson! •
3. ¡Imposible! ¡Anamar Orson entrevistada por estudiantes del instituto! •

• **a.** Incredulidad.
• **b.** Interés y curiosidad.
• **c.** Sorpresa.

3. Completa los testimonios de algunos de los alumnos del instituto con las intervenciones que has leído en el ejercicio anterior.

a Cuando me dijeron que los creadores de la revista habían hablado personalmente con ella me sorprendí muchísimo. Lo primero que dije al escucharlo fue:

b Cuando estaba desayunando en la cafetería con Lucía, escuchamos a Dani contar que unos alumnos le habían propuesto a Paco, el profe de literatura, crear una revista para el insti, y en ese momento yo le interrumpí:

c Ayer en la puerta del instituto estaban repartiendo ejemplares del primer número de la revista del insti. Cogí uno y solo ver la portada ¡me quedé alucinada!, ¡no me lo podía creer! ¿Cómo lo habían conseguido? Así que fui corriendo a buscar a Carla y le dije:

4. Lee parte de la entrevista que los alumnos realizaron a Anamar Orson y selecciona la forma correcta de los verbos y de las preposiciones *por* y *para*.

Entrevistador: Pero entonces, Anamar, ¿usted y el actor Cristian Pascual se conocen desde hace mucho tiempo?

Anamar Orson: Sí, somos viejos amigos. Nos conocemos desde el 99, yo **regresé/había regresado** a España **por/para** hacer un curso **por/para** enseñar español y fue entonces cuando **conocí/había conocido** a Cristian.

E.: Y fue en esa misma época cuando **conoció/había conocido** también a Paco, nuestro profesor de literatura, ¿no?

A.O.: Efectivamente.

E.: Por lo que sabemos, sus trabajos **han ganado/habían ganado** un total de tres premios cinematográficos.

A.O.: Sí, así es. En el año 2005 **rodé/he rodado** mi primera película y **recibí/había recibido** dos premios Goya. Pero este no fue mi primer premio **para/por** mi trabajo en el cine. Dos años antes **había ganado/ha ganado** la Concha de Oro del Festival de San Sebastián al mejor corto español.

5. Escucha los comentarios relacionados con la nueva revista del instituto y escribe su número al lado del consejo o recomendación correspondiente.

a. ☐ ¿Por qué no hablas sinceramente con ellos? Seguro que te entenderán.

b. ☐ ¿Y si le pedimos una suya? Es tan maja que seguro que nos da alguna.

c. ☐ Deberías organizarte, estudiar un poco todos los días y hacerte resúmenes y esquemas, porque si lo dejas todo para antes del examen, te agobiarás más.

d. ☐ ¿Por qué no echas un vistazo a las sugerencias para el finde de la revista? Proponen un montón de planes alternativos: desde rutas turísticas por la ciudad, hasta intercambios de idiomas, excursiones a la sierra… Seguro que encuentras algo interesante.

e. ☐ No te preocupes, tu problema tiene solución. Es evidente que te esfuerzas, pero creo que no estás dando los pasos acertados. Yo en tu lugar buscaría un profesor particular.

f. ☐ Eso se llama pánico escénico. Yo que tú intentaría aprender algunas técnicas de relajación y centraría mis esfuerzos en prepararme bien el guion.

6. Escucha los diálogos completos y comprueba las respuestas de la actividad anterior.

7. Lee estos otros consejos o recomendaciones extraídos de la revista del instituto y relaciónalos con el texto correspondiente.

1. ¿Por qué no haces el siguiente test de compatibilidad?
2. Yo que tú esperaría un poco más y aclararía antes mis ideas.
3. Deberías contactar con la gente del lugar a pesar del miedo.
4. Trata de alcanzar una velocidad de cuatro a nueve kilómetros por hora.

a. ☐ Imaginemos que viajas para hacer un curso de español a España. Aterrizas y te das cuenta de que todos tus miedos son reales. Te cuesta entender a la gente, entras en pánico y tomas el camino fácil: te juntas con personas de tu país de origen y hablas todo el tiempo tu lengua materna. ¡¡¡Error!!!

b. ☐ ¡Sorpresa! Maxi Castro, nuestro actor favorito, se está dejando de nuevo el pelo largo, eso ya lo veíamos venir, ¿verdad? Pero lo que no sabíamos es que se volvería a dejar el pelo como en sus inicios. Si quieres saber si eres compatible con Maxi,…

c. ☐ Caminata rápida. Este ejercicio es uno de los más recomendables. El único equipo necesario es calzado cómodo y un camino. Alarga el paso y ve a un ritmo bastante rápido.

d. ☐ Querida Alicia: Sé que estás pasando por un mal momento y que tal vez piensas que ese chico es el apoyo que necesitas, pero ahora mismo no te conviene empezar una relación.

8. La nueva revista del instituto aún está en periodo de pruebas. Sus creadores necesitan buscarle un título y algunas sugerencias de los alumnos. Escribe una carta a la revista y:

a. Propón un título para esta.

b. Da algunas sugerencias y recomendaciones sobre sus contenidos.

c. Pide algún consejo.

d. Envía una receta de cocina para su próximo concurso de recetas.

¡Ojalá!

Contenidos funcionales

- Expresar deseos
- Expresar el momento en el que ocurre una acción
- Expresar finalidad

Contenidos gramaticales

- Presente de subjuntivo: morfología
- Oraciones temporales
- Oraciones finales

Contenidos léxicos

- Las ONG y léxico relacionado con el voluntariado
- Frases hechas

Fonética y ortografía

- Vocales en contacto: diptongo, triptongo, hiato y su acentuación

Contenidos culturales

- Las ONG y voluntariado en España e Hispanoamérica

Relato

- Pablo Neruda, *Soneto LXXXIX*

¿Qué ves?

1. Fíjate en los dibujos, contesta a las preguntas y justifica tu respuesta.

ESCENA 1

¿Qué relación crees que existe entre los personajes? ¿Crees que están discutiendo?

ESCENA 2

¿La madre está acostando o despertando al niño?

ESCENA 3

¿*Pachucho* es un tipo de enfermedad o significa estar un poco enfermo?

2. Escribe estas frases en el bocadillo correspondiente. Sobra una.

 a ¡Que se mejore!

 b ¡Que tengas suerte!

 c ¡Que aproveche!

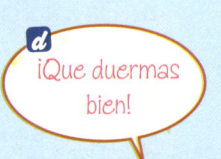 d ¡Que duermas bien!

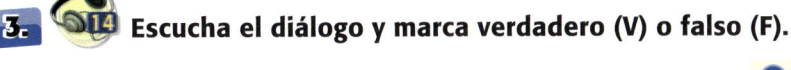

Trabajamos con el diálogo

3. Escucha el diálogo y marca verdadero (V) o falso (F).

	V	F
a. Paula va a Guatemala a un colegio que han construido allí.	☐	☐
b. Va a estar en Guatemala dos semanas en julio.	☐	☐
c. Va a hacer un curso para aprender a convivir y trabajar en equipo.	☐	☐
d. Quiere ir dormida durante el viaje.	☐	☐
e. Irene le desea buena suerte en su viaje.	☐	☐
f. El viaje de Paula es unos días después de terminar las clases.	☐	☐
g. Paula le contará muchas cosas a Irene desde Guatemala.	☐	☐

4. Ahora lee y comprueba tus respuestas.

Irene: ¡Hola, Paula! Oye, ¿has hablado ya con Ana? Es que esta mañana me ha dicho que (1) **quiere que vayamos** este verano a la casa que tienen sus tíos en la Costa Brava, y que si queremos podemos pasar todo el mes de julio allí. Ellos ya no van nunca y la casa está vacía.

Paula: Sí, precisamente te llamo por eso. Es que me han ofrecido la posibilidad de ir a Guatemala **para ayudar** a construir un colegio. Así que yo no podré ir con vosotras.

I.: ¡Qué me dices! Eso es estupendo, Paula. ¿Y vas tú sola?

P.: Bueno, voy a través de una ONG que se llama *Ayuda en acción*. La verdad es que no conozco mucho a la gente pero, (2) **antes de irnos**, nos van a dar un curso durante dos semanas para saber lo que tenemos que hacer allí, conocer la situación, su cultura… y también **para que nos conozcamos** entre nosotros. ¡Vamos a estar un mes conviviendo y trabajando! (3) **Espero llevarme bien** con todos.

I.: Ya verás como sí. ¿Y cuándo te vas?

P.: (4) **En cuanto terminemos** las clases. De hecho, el avión sale el mismo día por la noche.

¡Ay, Irene! Son doce horas de avión y ¡odio volar! ¡(5) **Ojalá me quede** dormida pronto en el avión!

I.: ¡Uf! ¡Doce horas! Bueno, tú llévate el libro que nos ha recomendado el profesor de Filosofía y seguro que te duermes enseguida. Yo lo intenté empezar el otro día pero, (6) **en cuanto lo abrí**, me quedé dormida. Oye, ahora en serio, me parece genial tu idea de ir a Guatemala, creo que va a ser toda una experiencia y (7) **te deseo de todo corazón que te vaya muy bien** y (8) **ojalá tu esfuerzo sirva para que esos niños puedan vivir mejor**.

P.: Muchas gracias. Ya te contaré (9) **cuando vuelva**. ¡Ah! y yo también (10) **espero que os lo paséis muy bien** en la Costa Brava. Daos un bañito en la playa por mí.

I.: ¡Eso seguro! Pero, bueno, nos veremos (11) **antes de que te vayas** para despedirnos, ¿no?

P.: ¡Claro! ¡Faltaría más!

5. Fíjate en las expresiones en negrita y completa el cuadro.

Alguien expresa un deseo para otra persona	Alguien desea algo para sí mismo	Se habla del futuro	Se habla del pasado
1,			

Practica lo que has aprendido con el material interactivo extra.

Hablar por hablar

> ## EXPRESAR EL MOMENTO EN EL QUE OCURRE UNA ACCIÓN

- Para relacionar dos acciones en el **futuro**:

  ***Al** llegar a casa cenaré.*
  *Saldré **antes de/después de** cenar.*
  *Veré la tele **hasta que** cene.*

  ***Cuando/En cuanto** llegue a casa cenaré.*
  *Saldré **antes de que/después de que** cenes.*

- Para relacionar dos acciones en el **pasado**:

  ***Al** llegar a casa cené.*
  *Salí **antes de/después de** cenar.*

  ***Cuando/En cuanto** llegué a casa cené.*
  *Vi la tele **hasta que** cené.*

- Para hablar de **verdades universales** o **hábitos**:

  ***Al** llegar a casa ceno.*
  *Siempre salgo **antes de/después de** cenar.*

  ***Cuando/En cuanto** llego a casa ceno.*
  *A veces veo la tele **hasta que** ceno.*

1. 🎧 15 Completa los diálogos con los marcadores de tiempo anteriores. Luego escucha y comprueba.

a.
▶ ¡Oh! ¡Qué colgante tan bonito!
▶ Gracias, me lo ha regalado Marina. Dice que si me lo pongo ....1............... haga el examen de Química, me dará suerte.
▶ Uf… yo no creo en esas supersticiones. Lo que tienes que hacer es estudiar ....2............... hacer el examen.

b.
▶ ¡Que tengas buen viaje, cariño! ¡No te olvides de llamarme ....3............... llegues al hotel!
▶ Descuida. Te llamaré ....4............... llegue.
▶ Eso espero, porque la última vez no me llamaste.
▶ ¡Cómo que no! Sí te llamé.
▶ Sí, me llamaste, pero tres días ....5............... llegar.
▶ No, también te llamé antes, pero no me cogiste el teléfono. De todas formas, no te preocupes, esta vez no dejaré de llamarte ....6............... me contestes.

2. Lee el diálogo de la página anterior y completa el cuadro.

> ## EXPRESAR FINALIDAD

- Si los dos sujetos son los mismos, o uno de los dos no está especificado ➔ **para** + ...

  - *(Yo) he traído las fotos para (yo) enseñártelas.*
  - ....

- Si hay sujetos diferentes usamos ➔ **para que** + ...

  - *(Yo) he traído las fotos de las vacaciones para que (tú) las veas.*
  - ....

3. Tu profesor te va a enseñar unas imágenes. Habla con tu compañero y decidid qué están haciendo esas personas y para qué lo hacen.

4. Estos son los deseos de diferentes estudiantes. ¿Cuáles compartes? Habla con tu compañero.

- Ojalá algún día dejen de existir los exámenes.
- Este año espero no suspender ninguna asignatura.
- El año que viene quiero ir a España a estudiar español.
- Ojalá pueda estudiar en una universidad cerca de mi casa.
- Deseo que mis amigos me hagan una fiesta sorpresa para mi cumpleaños.
- Espero que este curso no sea tan difícil como nos han contado.
- Deseo hacer un safari por África.

5. Fíjate en las frases del ejercicio anterior y completa el cuadro.

> **EXPRESAR DESEOS**

(1)................................
(2)................................
(3)................................
> + verbo en (4)................................ (si el sujeto de las dos acciones es el mismo).
>   (Yo) **Quiero** (yo) **ir** mañana a la playa.
>
> + que + verbo en **subjuntivo** (si el sujeto de las dos acciones es diferente).
>   (Yo) **Quiero que** (tú) **me compres** un helado.

Ojalá es una partícula de deseo que siempre va seguida de (5)................................
> **Ojalá** (yo) **apruebe** el examen. **Ojalá** (tú) **vengas** mañana.

6. Escucha estos diálogos y completa el cuadro.

> **OTRAS FORMAS DE EXPRESAR DESEOS Y EXPRESIONES SOCIALES**

■ A alguien que se va a dormir.
  - **Que duermas bien**. - (1)................................

■ A alguien que va a empezar a comer o está comiendo.
  - (2)................................

■ A alguien que tiene un examen o una entrevista de trabajo.
  - **Que tengas suerte**. - (3)................................

■ A alguien que está enfermo.
  - **Que te mejores**.

■ A alguien que va a hacer algo divertido.
  - **Que disfrutes**. - (4)................................
  - **Que (te) lo pases bien**.

■ A alguien que ha tenido una mala noticia.
  - (5)................................

■ A alguien que ha tenido una buena noticia.
  - **Enhorabuena**. - (6)................................

■ A alguien que se va por mucho tiempo.
  - (7)................................

7. En parejas, y por turnos, responde a lo que te dice tu compañero.

Alumno A

Dices:
1. ¡Ana y yo nos casamos!
2. Me voy a dormir.
3. Esta noche voy a un concierto.

Alumno B

Dices:
1. El partido va a comenzar.
2. ¡Van a quitar los exámenes!
3. Me voy a estudiar al extranjero seis meses.

Practica lo que has aprendido con el material interactivo extra.

> PRESENTE DE SUBJUNTIVO (I)

	Hablar	Comer	Vivir
Yo	hable	coma	viva
Tú	hables	comas	vivas
Él/ella/usted	hable	coma	viva
Nosotros/as	hablemos	comamos	vivamos
Vosotros/as	habléis	comáis	viváis
Ellos/as/ustedes	hablen	coman	vivan

1. Completa estas frases con infinitivo, indicativo o subjuntivo.

a. ¡Ojalá me .... (llamar) Juanjo!

b. Cuando .... (hablar, tú) en español, intenta abrir más la boca.

c. ¡Te quedas sentada a la mesa hasta que te .... (terminar) todo el pescado!

d. Mamen y Sara han venido para .... (presentar) su nuevo disco.

e. Susana nos va a explicar una receta muy sencilla para que .... (aprender, nosotros) a hacer buñuelos de bacalao.

f. Cuando .... (independizarse, yo), espero que mis amigos .... (vivir) cerca de mí.

g. ¡Que la fuerza te .... (acompañar)!

h. Quiero .... (cambiar, yo) mi número de teléfono.

2. ¿Quién crees que ha dicho las frases anteriores? Relaciónalas con estos dibujos y justifica tu respuesta.

3. Contesta a lo que te diga tu compañero.

Alumno A

Dices...

1. "Soy el genio de la lámpara maravillosa: pide tres deseos y te serán concedidos".
2. Te vas de vacaciones dentro de una semana, ¿qué quieres hacer?
3. Imagina que es fin de año. ¿Qué deseos pides para el año que empieza?
4. ¿Qué le pides al chico/a ideal?
5. Piensa en ti dentro de quince años. ¿Qué le pides a la vida?

Alumno B

Dices...

1. Estás en una isla desierta y al parecer el resto del mundo se ha olvidado de ti. ¿Qué desearías?
2. Se acerca tu cumpleaños, ¿cuáles son tus deseos?
3. Imagina que vas a conocer al presidente de tu país, ¿qué le pides?
4. Mañana empieza el curso y tenéis nuevo profesor de español. ¿Cómo quieres que sea?
5. ¿Qué le pides a la ciudad ideal?

> **PRESENTE DE SUBJUNTIVO (II)**

■ Casi todos los **verbos irregulares** en presente de indicativo lo son también en presente de subjuntivo:
- **Cambios vocálicos.**
  querer ➡ qu**ie**ro ➡ qu**ie**ra, qu**ie**ras, qu**ie**ra, queramos, queráis, qu**ie**ran.
  pedir ➡ p**i**do ➡ p**i**da, p**i**das, p**i**das, p**i**damos, p**i**dáis, p**i**dan.
  volver ➡ v**ue**lvo ➡ v**ue**lva, v**ue**lvas, v**ue**lva, volvamos, volváis, v**ue**lvan.

  Excepciones: dormir y morir.

> **Ver** *Apéndice gramatical*, **pág. 117**

- **Cambios en la raíz** (para todas las personas).
  tener ➡ **teng**o ➡ tenga, tengas, tenga…   poner ➡ **pong**o ➡ ponga, pongas, ponga…
  salir ➡ **salg**o ➡ salga, salgas, salga…   decir ➡ **dig**o ➡ diga, digas, diga…
  traer ➡ **traig**o ➡ traiga, traigas, traiga…   construir ➡ **construy**o ➡ construya, construyas…

■ **Irregularidades propias** del presente de subjuntivo.

	Haber	Ir	Saber	Estar	Ser	Ver	Dar
Yo	haya	vaya	sepa	esté	sea	vea	dé
Tú	hayas	vayas	sepas	estés	seas	veas	des
Él/ella/usted	haya	vaya	sepa	esté	sea	vea	dé
Nosotros/as	hayamos	vayamos	sepamos	estemos	seamos	veamos	demos
Vosotros/as	hayáis	vayáis	sepáis	estéis	seáis	veáis	deis
Ellos/as/ustedes	hayan	vayan	sepan	estén	sean	vean	den

4. **Completa la historia de Antoñito el fantasioso con los verbos entre paréntesis.**

Antoñito era un niño que se pasaba el día soñando.
– Cuando .... (ser) mayor, me iré a vivir a Australia –decía siempre.
– Sí, te irás a Australia, pero tendrás que saber inglés –le respondía su madre.
– Bueno, estudiaré y cuando .... (saber, yo) hablarlo bien me iré. Por cierto, mamá, quiero que me .... (comprar, tú) un buen diccionario, que me hará falta. Ojalá me .... (dar) una beca para ir a estudiar a Australia… –pensaba siempre Antoñito–. Eso sí, espero que no me .... (poner, los profesores) tantos deberes como aquí y que no .... (llamar) a mi madre y le .... (decir) que no estoy estudiando mucho. ¡Ay! –suspiraba Antoñito–. Ojalá me .... (hacer) mayor pronto…

Los padres de Antoñito, que ya sabían que a su hijo le encantaba construir castillos en el aire, le decían:
– Sí, Antoñito, pero tú, hasta que no .... (crecer, tú), estudia, hijo, estudia…
Antes de dormir, Antoñito le preguntaba a su madre:
– Mamá, cuando .... (vivir, yo) en Australia, vendrás a verme, ¿no?
– Sí, hijo sí, buenas noches, que .... (dormir) bien y que .... (soñar) con los angelitos, perdón, con los canguritos –se corregía su madre.

Lo curioso es que hoy Antoñito es uno de los principales importadores de jamón en Australia, porque, aunque no siempre es bueno construir castillos en el aire, también es verdad que quien quiere, puede.

5. **Habla con tu compañero y cuéntale qué harás el resto de tu vida.**
Cuando termine los estudios en el instituto iré a estudiar a una universidad fuera de mi ciudad. Cuando esté en la universidad estudiaré Periodismo. Cuando termine Periodismo me haré corresponsal y cuando…

 **EXTENSIÓN DIGITAL** Practica lo que has aprendido con el material interactivo extra.

Palabra por palabra

1. Mira estos logotipos. ¿Sabes a qué pertenecen?

Cruz Roja Española
Comunidad de Madrid

2. Intenta responder si son verdaderas (V) o falsas (F) las siguientes afirmaciones. Después coméntalo con tu compañero.

	V	F
a. La Cruz Roja nació después de un viaje de su fundador por los países del tercer mundo.	☐	☐
b. La Cruz Roja es una organización que atiende a personas de todo el planeta.	☐	☐
c. La mayoría de los países dan parte de su PIB a las ONG para ayudarlas a financiarse.	☐	☐
d. Las personas que trabajan en las ONG son todas voluntarias.	☐	☐

3. Lee el siguiente texto sobre las ONG y comprueba.

Las siglas ONG significan **organización no gubernamental**. La primera ONG que se conoce como tal es la *Cruz Roja*, que fue fundada en 1864 por el suizo Henry Dunant. El 8 de mayo de 1859, Dunant, que era un hombre de negocios, se encontraba en el norte de Italia. Allí fue testigo de una cruel batalla y de cómo las víctimas quedaban desatendidas en medio de las calles. Fueron las mujeres de los pueblos cercanos quienes se hacían cargo de aquellos pobres hombres. Le impactó tanto aquella experiencia que pensó en la necesidad de crear organizaciones, **sin ánimo de lucro** e independientes de poderes políticos e ideologías, para atender a las víctimas en los **conflictos bélicos** o en caso de **catástrofes naturales**. Así nació la *Cruz Roja Internacional*, hoy en día presente en los cinco continentes.

Desde entonces el número de ONG ha aumentado en todo el mundo y también han ampliado su campo de trabajo. Algunas están enfocadas más a las **labores humanitarias** y otras a la **protección del medioambiente**.

La mayoría de países aportan parte de su **PIB** a la **financiación** de las ONG. Otra forma de **recaudar fondos** son las **campañas de sensibilización** para captar socios o la venta de artículos de **comercio justo**, aunque hay algunas que prefieren, para mantener su libertad, financiarse solo con **donativos**.

La mayoría de personas que trabajan en las ONG son **voluntarios**, es decir, personas que compatibilizan sus responsabilidades diarias, estudios o trabajos, con ofrecer una **ayuda desinteresada** a otras personas. Sin embargo, también cuentan con trabajadores asalariados, ya que, sobre todo las grandes ONG, requieren de personal cualificado y dedicado a tiempo completo para su buen funcionamiento.

4. Estos son algunos de los trabajos que realizan las ONG. Relaciona las dos columnas para averiguarlo.

1. Luchar por •
2. Luchar en •
3. Luchar a favor •
4. Luchar contra •
5. Trabajar por •
6. Defender a •
7. Ofrecer •
8. Organizar •

• **a.** los colectivos más desfavorecidos.
• **b.** campañas de sensibilización.
• **c.** la protección del medioambiente.
• **d.** la explotación infantil.
• **e.** asesoramiento legal.
• **f.** las desigualdades sociales.
• **g.** de los derechos humanos.

• **h.** actos benéficos para recaudar fondos.
• **i.** la pobreza.
• **j.** el comercio justo.
• **k.** el maltrato.
• **l.** orientación laboral.
• **m.** defensa de los animales.

5. Estos son algunos de los colectivos con los que trabajan las ONG. ¿Cuáles de los trabajos anteriores van destinados a cada uno? ¿Se te ocurre algún trabajo más que se podría hacer con ellos?

Medioambiente	Países subdesarrollados	Discapacitados
ECOLOGISTAS en acción. Trabajar por la protección del medioambiente,...		ONCE

Personas sin hogar	Inmigrantes	Mujeres y niños
sintecho	acoge	

6. Lee estos testimonios de voluntarios y fíjate en las expresiones en negrita. Relaciónalas con estas otras.

a. ☐ Realizar un trabajo que te hace feliz.
b. ☐ Realizar un trabajo en colaboración con otra persona.
c. ☐ Superar una situación difícil.
d. ☐ Dar el dinero que tú quieres.
e. ☐ Ser generoso.
f. ☐ Colaborar.

Inés ■ 35 años ■ Malawi
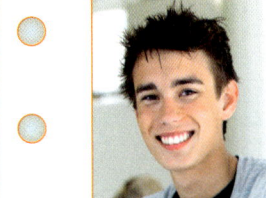
Cuando terminé Arquitectura intenté encontrar trabajo en España, pero no lo conseguí, así que decidí empezar mi carrera profesional como voluntaria en África. Hace 10 años llegué a Malawi para colaborar en la construcción de un hospital y sigo aquí. Lo mejor es que **(1) trabajamos codo con codo** con la población de aquí. Así, todos aprendemos de todos y esperamos que en el futuro no nos necesiten, porque eso significará que ellos tendrán los medios para **(2) salir adelante**. Es una manera de tener un **(3) trabajo satisfactorio** y **(4) ser solidario** al mismo tiempo.

Iñaki ■ 15 años ■ Bilbao
Yo soy voluntario porque quiero que el mundo sea mejor cada día. Todos podemos hacer algo por los demás, no tienen que ser grandes gestos, porque si cada uno **(5) pone su granito de arena**, al final se pueden hacer cosas muy importantes.

Rocío ■ 22 años ■ Sevilla

Cada año organizamos un mercadillo benéfico. La gente trae las cosas que ya no necesita pero que están en buen estado. Nosotros no ponemos precio, sino que la gente **(6) da la voluntad**. La verdad es que se recoge bastante dinero.

7. Habla con tu compañero. ¿Qué ONG de tu país conoces? ¿Colaboras con alguna ONG o conoces a alguien que lo haga?

 EXTENSIÓN DIGITAL Practica lo que has aprendido con el material interactivo extra.

Vocales en contacto (diptongos, triptongos e hiatos) y su acentuación

■ El **diptongo** es la secuencia de **dos vocales** que se pronuncian en una **misma sílaba**:
- *i, u* + *a, e, o* (acentuada): *pia-no, cie-lo, vio-lín, cuan-do, sue-ño, cuo-ta, ai-re, pau-sa, pei-ne, deu-da, oi-go, Lour-des.*
- *i, u* + *i, u* (acentuada): *cui-dar, ciu-dad.*

■ El **triptongo** es la secuencia de **tres vocales** pronunciadas en una misma sílaba:
- *i, u* + *a, e, o* (acentuada) + *i, u*: *guau, con-fiáis, miau, buey.*

Cuando el **diptongo** o el **triptongo** se encuentran en la sílaba fuerte de una palabra, se siguen las reglas generales de acentuación: *ha-céis, can-ción, pen-sáis, des-pués, es-tu-diáis, cuí-da-lo.*

■ Un **hiato** es la secuencia de **dos vocales** pronunciadas en **sílabas distintas**:

- dos vocales abiertas (**a, e, o**): *le-ón, pa-e-lla, a-é-re-o, lí-ne-a.* ⎤ En ambos casos seguimos las reglas
- dos vocales iguales: *al-ba-ha-ca; re-e-le-gir.* ⎦ generales de acentuación.

- *í, ú* + *a, e, i*: *ba-úl, ve-ní-a, pú-a, a-hí, ve-hí-cu-lo, pa-ís.*

▶ **Reglas generales de acentuación,** *Apéndice gramatical,* **pág. 119**

---

1. 🎧 **17** **Dictado. Escucha y escribe las palabras que oigas.**

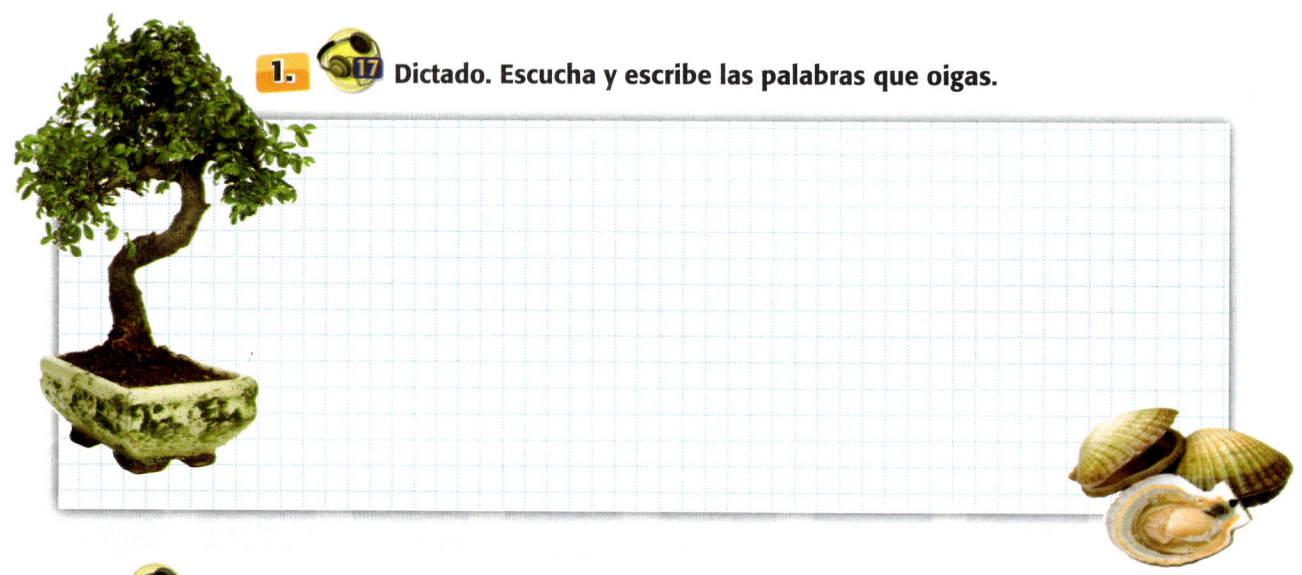

2. 🎧 **17** **Vuelve a escuchar las palabras y divídelas en sílabas.**

3. **Ahora, clasifica las palabras que tienen diptongos, triptongos o hiatos y coloca las tildes donde sea necesario.**

Diptongos	Triptongos	Hiatos

 **EXTENSIÓN DIGITAL** *Practica lo que has aprendido con el material interactivo extra.*

Prueba de expresión e interacción escritas

1. Acabas de llegar a Barcelona y has ido a la oficina de turismo de la ciudad para solicitar información. Antes de marcharte, la dirección te pide que rellenes este formulario para un estudio que están haciendo sobre las características de los jóvenes turistas de la ciudad.

OFICINA DE TURISMO DE BARCELONA

1. DATOS PERSONALES

NOMBRE: ....

APELLIDO(S): ....

NACIONALIDAD: ....

EDAD: ....   SEXO: ☐ V ☐ M

DOMICILIO: ....

¿CON QUIÉN VIVES?: ....

TELÉFONO: ....

CORREO ELECTRÓNICO: ....

2. TRABAJO/ESTUDIOS

¿ESTUDIAS O TRABAJAS? ¿QUÉ ESTUDIAS O EN QUÉ CONSISTE TU TRABAJO?

....

....

3. OCIO

¿QUÉ HACES NORMALMENTE EN TU TIEMPO LIBRE?

....

....

¿SUELES VIAJAR MUCHO? ¿POR QUÉ? ¿CON QUÉ FRECUENCIA?

....

....

¿CUÁLES SON TUS AFICIONES? ¿PRACTICAS ALGÚN DEPORTE?

....

....

LUGARES QUE TE GUSTARÍA CONOCER: ....

MOTIVOS POR LOS QUE TE GUSTARÍA CONOCER ESE LUGAR:

....

....

Fecha y firma
(necesarias)

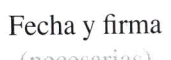

¡Bienvenido a mi ciudad!

2. Escribe a un amigo español para invitarle a pasar un fin de semana en tu ciudad. Explícale qué cosas vais a hacer, qué vais a visitar, cómo es la ciudad y qué tiempo hace. Dile también cómo esperas que sea el fin de semana. (80-100 palabras)

Las ONG

1. ¿Crees que España es un país solidario? Lee el siguiente texto y comprueba.

Se calcula que en España hay más de 3 000 ONG. La mayoría no pertenecen a ninguna ideología política o religiosa, aunque hay otras que sí. Dentro del territorio español el trabajo de las ONG se centra sobre todo en la ayuda a los colectivos más desfavorecidos, como pueden ser los drogodependientes, inmigrantes, mujeres y niños maltratados, o personas con algún tipo de discapacidad o sin recursos económicos.

España destina aproximadamente el 0,5 % del PIB (unos cuatro millones de euros) a las ONG, siendo el sexto país del mundo que más dinero aporta. Sin duda, se puede afirmar que es un país bastante solidario. Más de cinco millones de españoles hacen donativos a distintas ONG y aproximadamente dos millones colaboran de forma directa con alguna. De estos dos millones, mas de un millón son menores de 35 años que trabajan como voluntarios, aunque cada vez también hay más jubilados que aprovechan su tiempo libre para ayudar a los demás.

www.spainun.org

2. Las ONG siempre necesitan voluntarios. A continuación te presentamos algunas de las ONG más representativas en España e Hispanoamérica. Completa los espacios en blanco con las palabras que has aprendido en esta unidad.

Ayuda en Acción es una organización que lleva a cabo una ....1.......... social para terminar con la ....2........... en todo el mundo y mejorar las condiciones de vida de las comunidades que sufren ....3............... bélicos o ....4......... naturales, mediante ....5.............. de sensibilización de la población. Hoy en día, con más de 200 000 colaboradores y 1 000 ......6......., que aportan su ....7......... desinteresada, es una de las principales organizaciones no ....8.................. españolas dedicadas a la cooperación internacional.

www.ayudaenaccion.org

Ecologistas en acción es una confederación de más de 300 grupos ecologistas de toda España que se unificaron en 1998. Entiende que los problemas relacionados con el ....9............... tienen su origen en un modelo de producción y consumo cada vez más globalizado e insostenible (productivismo y consumismo).

También denuncia públicamente las actuaciones que dañan el medioambiente y realiza campañas de ....10............... entre la población para que seamos conscientes de los límites de la biosfera.

www.greenpeace.org

Global humanitaria es una organización independiente y laica que trabaja por la igualdad de oportunidades de las personas y los pueblos. Fundada en 1998 en Colombia, actualmente trabaja en nueve países en América Latina, Asia y África. Prestan especial atención a los niños, para que conozcan sus ....11........... y aprendan a defenderlos, gracias a las personas que hacen ....12.............. o apadrinan a niños.

www.globalhumanitaria.org

Cáritas es una organización internacional, sin ánimo de ......13......, que pertenece a la Iglesia católica, trabaja en varios proyectos en todo el mundo. Dentro de España realiza proyectos para ayudar a los colectivos más ......14......, personas sin ......15......, inmigrantes, drogodependientes, enfermos, personas mayores, mujeres y niños maltratados o familias sin recursos económicos. *Cáritas* proporciona, entre otras ayudas, comida, ropa, educación, asesoramiento legal y orientación ......16...... En América latina, en zonas como el Amazonas, Bolivia y Caribe, realiza actividades medioambientales que contribuyen al ......17...... sostenible. En países como Colombia y Bolivia, promueven la organización social, la defensa de los derechos ......18...... Otros proyectos de desarrollo en estos países se centran en la cobertura de necesidades sociales básicas como el acceso al agua, a los alimentos y a la sanidad y educación.

www.caritas.es

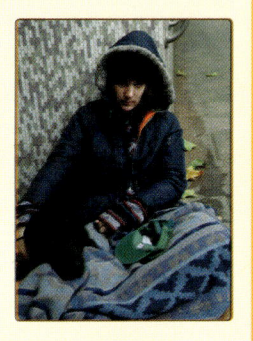

Cáritas

3. **¿En cuál de ellas te gustaría colaborar y por qué? Habla con tu compañero. Después completa este cuestionario para saber si estás preparado para trabajar en una ONG.**

1. ¿Te gustan los animales?
    a. Sí, me encanta verlos en el zoo.
    b. Sí, me gusta que estén en libertad.
    c. Solo los que se comen o los que tienen una bonita piel para hacer bolsos, zapatos…

2. ¿Cómo reaccionas cuando ves basura en la Naturaleza?
    a. Te enfadas y piensas que la gente es muy sucia.
    b. Te enfadas y recoges la basura.
    c. Te parece normal, en el campo no hay papeleras.

3. Cuando viajas a otros países…
    a. solo visitas los lugares turísticos.
    b. te interesas por su cultura e incluso intentas aprender algunas palabras en su lengua.
    c. no quieres ver gente pobre.

4. Crees que las personas se hacen voluntarias para…
    a. sentirse bien con ellas mismas.
    b. ayudar a los demás y sentirse útiles.
    c. que los demás piensen que son buenas personas.

5. Cuando alguien necesita ayuda…
    a. solo lo ayudas si tienes tiempo.   **b.** lo ayudas sin dudarlo.   **c.** lo ayudas si luego él te ayuda a ti.

Mayoría a: Eres capaz de ver las injusticias pero te falta actuar. Si quieres colaborar con una ONG, empieza por alguna que esté cerca de tu casa hasta que estés más preparado.

Mayoría b: Sin duda eres una persona solidaria. Si todavía no perteneces a ninguna ONG, no esperes más, ¡necesitan gente como tú!

Mayoría c: No eres mala persona, pero eres un poco superficial, ¿no crees? Deberías pensar más en los demás.

4. **Con un compañero vas a fundar una ONG. Después tendréis que presentar vuestro proyecto al resto de la clase. Al final, podéis votar cuál es el mejor. Estas preguntas os servirán de guía para vuestra exposición.**

  » ¿Cómo se llama vuestra ONG y cuál es vuestra ideología?
  » ¿Cuáles son vuestros objetivos y vuestros deseos?
  » ¿En qué consiste vuestro proyecto y a quién va dirigido?
  » ¿Cómo vais a recaudar los fondos necesarios?
  » ¿Cuántos voluntarios vais a necesitar?
  » ¿Qué perfil debe tener el voluntario? (conocimientos, habilidades, edad…)
  » ¿Por qué vuestro proyecto es el mejor?

EXTENSIÓN DIGITAL

Practica lo que has aprendido con el material interactivo extra.

¡Me lo sé!

Expresar deseos

.... /10

1. **Imagina que estás chateando con tu amigo. Completa la conversación, utilizando algunas de las expresiones aprendidas.**

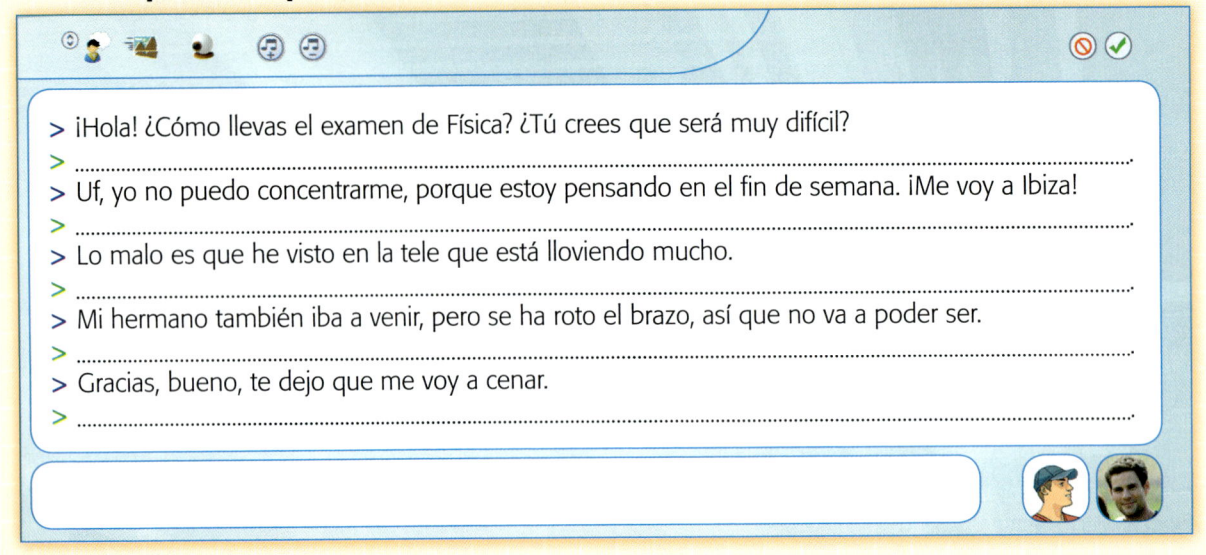

> ¡Hola! ¿Cómo llevas el examen de Física? ¿Tú crees que será muy difícil?
> ....
> Uf, yo no puedo concentrarme, porque estoy pensando en el fin de semana. ¡Me voy a Ibiza!
> ....
> Lo malo es que he visto en la tele que está lloviendo mucho.
> ....
> Mi hermano también iba a venir, pero se ha roto el brazo, así que no va a poder ser.
> ....
> Gracias, bueno, te dejo que me voy a cenar.
> ....

2. **Imagina que el año que viene te vas a vivir a México D.F. Completa las frases con tus deseos para el futuro.**

a. Espero que ....
b. Ojalá ....
c. Quiero ....
d. Deseo ....
e. Quiero que ....

Expresar el momento en el que ocurre una acción

.... /7

3. **Elige la opción correcta.**

a. **En cuanto/Hasta que** llegues al aeropuerto, lo primero que debes hacer es facturar la maleta.

b. **Al/Después** llegar la primavera los campos se llenan de flores.

c. Me quedaré en casa **hasta que/antes de que** pare de llover.

d. **Después de/Después** irnos, llegó Pedro.

e. **Antes de/Después de que** salgamos del cine, iremos a tomar algo.

f. Si quieres, puedes ver la tele **después/hasta que** sea la hora de cenar.

g. **Cuando/Después de** cumpla los dieciocho, podré votar.

Expresar finalidad

.... /5

4. **Completa los espacios con *para* o *para que* y el verbo entre paréntesis en su forma correspondiente.**

a. El profesor os ha mandado hacer un trabajo sobre las ONG .... (saber, vosotros) más cosas acerca de ellas.

b. He comprado pan .... (hacer, yo) unos bocadillos.

c. He venido .... (ver, nosotros) una película.

d. Te he hecho esta bufanda .... (pensar, tú) en mí en Irlanda.

e. Este aparato sirve .... (hacer, el aparato) helados.

Indicativo, subjuntivo e infinitivo   .... /19

5. **Escribe el tiempo correcto.**

a. ¿Cuándo .... (venir, tú) a visitarnos? Tenemos muchas ganas de verte.

b. Quiero .... (beber, yo) algo fresco.

c. Hasta que no .... (irse) Juan no voy a decir nada.

d. Cuando mis abuelos .... (jubilarse), se fueron a vivir a Málaga.

e. Mi hermana me ha dado un libro para que no .... (aburrirse, yo) durante el viaje.

f. Espero que hoy .... (salir, nosotros) puntuales de la clase de español.

g. Me voy antes de que .... (llover).

h. Cuando .... (terminar, yo) la universidad, espero .... (trabajar, yo) en una buena empresa.

i. Espero que no .... (dormirse, nosotros) con la película. Dicen que es un rollo.

j. ¡Ojalá .... (aprobar, yo) todos los exámenes!

k. He venido para que me .... (contar, tú) lo que pasó ayer.

l. Deseo que Pablo y tú .... (ser) muy felices y .... (tener) muchos hijos.

m. ¿Quieres que .... (empezar, nosotros) ya a cenar o prefieres esperar?

n. Vuestro padre no quiere que .... (ver, vosotros) el regalo que os ha comprado.

o. Este bolígrafo no sirve para .... (corregir), necesitas otro de diferente color.

p. No te levantes hasta que yo te lo .... (decir).

q. En cuanto .... (traer, ellos) mi equipaje, me iré de este hotel.

Diptongos, triptongos e hiatos   .... /20

6. **Fíjate en la vocal tónica (fuerte) que aparece subrayada y coloca la tilde donde corresponda. Señala después los diptongos, triptongos o hiatos que encuentres.**

Boina ○ *Eugenio* ○ *estadounidense* ○ *vieira* ○ *anciano* ○ *buho* ○ *aullar* ○ *copia*

situais ○ *acentua* ○ *orquidea* ○ *coreografo* ○ *barbacoa* ○ *cambiais*

actuo ○ *adios* ○ *violencia* ○ *buitre* ○ *diurno* ○ *buey*

Las ONG y el voluntariado   .... /4

7. **Encuentra el intruso y justifica tu respuesta.**

a. *Hacer un donativo/dar la voluntad/donar/recaudar fondos.* → Todas son expresiones que significan ...., excepto ....

b. *Desigualdades sociales/pobreza/derechos humanos/explotación.* → Todas son cosas por las que hay que luchar ...., excepto ....

c. *Personas sin hogar/voluntarios/inmigrantes/mujeres maltratadas.* → Todas son .... a las que hay que ayudar, excepto ....

d. *Ayudar/trabajar codo con codo/poner tu granito de arena/salir adelante.* → Todas son expresiones que significan ...., excepto ...., que significa ....

Practica lo que has aprendido con el material interactivo extra.

Érase una vez...

1. Lee la biografía de Pablo Neruda y contesta a las preguntas.

Ricardo Eliecer Neftalí Reyes Basoalto (Chile, 1904-1973), más conocido como Pablo Neruda, ha sido uno de los poetas más influyentes en la literatura del siglo XX y así se le reconoció cuando en 1971 ganó el Premio Nobel de Literatura. Su obra es muy variada y extensa. En sus primeros años se caracteriza por el romanticismo y la melancolía, influenciado por el modernismo hispanoamericano de Rubén Darío y de su gran amiga, la poetisa Gabriela Mistral. De esta época es quizá una de sus obras más famosas: *Veinte poemas de amor y una canción desesperada* (1924).

En 1927 empieza a trabajar como cónsul. Gracias a esto, viaja por todo el mundo y conoce a los políticos y artistas más importantes de la época, convirtiéndose en un hombre culto y comprometido socialmente. Entre otros, conoce a Federico García Lorca en Buenos Aires, a Picasso en Barcelona y a los autores de la Generación del 27 en Madrid. Al estallar la Guerra Civil española en 1936, Neruda tiene que regresar a su país natal. Allí, impresionado por la guerra y el asesinato de Federico García Lorca, del que se había hecho muy amigo, escribió su obra *España en el corazón* (1937), un libro de poemas sobre el horror de la guerra y el dolor de las víctimas.

Pero Neruda siguió escribiendo bellos poemas de amor como los recogidos en *Cien sonetos de amor* (1959). Y no solo escribió sobre temas profundos, también los objetos más cotidianos fueron fuentes de su inspiración. Ejemplo de ello son su famosas *Odas elementales*: Oda a la cebolla, Oda al tomate, Oda a los calcetines…. Neruda decía que él escribía para gente sencilla, incluso para los que no sabían leer.

a. ¿A qué época de la obra del autor pertenece *Veinte poemas de amor y una canción desesperada*?

b. ¿Por qué se caracteriza dicha época?

c. ¿Qué hechos mueven al autor a escribir *España en el corazón*?

d. ¿En qué se inspiran las *Odas elementales*?

2. Lee parte de un poema de Pablo Neruda y di cuál de estas afirmaciones crees que es la correcta.

a. El poema se llama "Oda a Madrid". Neruda primero hace una descripción de Madrid antes y después de la guerra y, más tarde, lo compara con su país natal.

b. El poema se llama "Explico algunas cosas", pertenece a su obra *España en el corazón* y habla de cómo vivió Neruda el estallido de la Guerra Civil española y por qué cambió su estilo.

c. El poema se llama "Yo vivía en un barrio", pertenece a la primera época de Neruda y trata sobre la nostalgia que Neruda siente por Madrid.

[...]
Yo vivía en un barrio
de Madrid, con campanas,
con relojes, con árboles.

Desde allí se veía
5 el rostro seco de Castilla
como un océano de cuero.
Mi casa era llamada
la casa de las flores, porque por todas partes
estallaban geranios: era
10 una bella casa
con perros y chiquillos.

[...]
Y una mañana todo estaba ardiendo
y una mañana las hogueras
salían de la tierra
devorando seres,
15 y desde entonces fuego,
pólvora desde entonces,
y desde entonces sangre.

[...]
Preguntaréis por qué su poesía
no nos habla del sueño, de las hojas,
20 de los grandes volcanes de su país natal.

3. El poema que tienes a continuación pertenece a *Cien sonetos de amor* y está dedicado a su tercera y última esposa, Matilde Urrutia, que fue su gran amor, su mayor musa y su compañera hasta la muerte. Nos hemos emocionado tanto al leerlo que nuestras lágrimas han borrado algunas palabras. Intenta completarlo siguiendo tu intuición.

SONETO LXXXIX

Cuando yo _____ quiero tus _____ en mis ojos:
quiero la _____ y el trigo de tus manos amadas
pasar una vez más sobre mí su frescura:
sentir la suavidad que cambió mi destino.

5 Quiero que _____ mientras yo, dormido, te espero,
quiero que tus _____ sigan oyendo el _____,
que huelas el aroma del _____ que amamos juntos
y que sigas pisando la _____ que pisamos.

Quiero que lo que amo siga vivo
10 y a ti te _____ y canté sobre todas las cosas,
por eso sigue tú floreciendo, florida,

para que alcances todo lo que mi amor te ordena,
para que se pasee mi sombra por tu _____,
para que así conozcan la razón de mi canto.

4. [18] Ahora escucha y comprueba.

5. Escribe tú un soneto siguiendo la misma estructura que Neruda.

Cuando yo ....
quiero ....
....
....

Quiero que ....
quiero que ....
que ....
y que ....

Quiero que ....
....
por eso ....

para que ....
para que ....
para que ....

¡Hoy me siento bien!

¿Qué ves?

1. Observa la imagen y piensa qué palabras son las que faltan en el texto.

Antonio y Roberto son dos compañeros de ....1................. que están en la puerta de ....2................. hablando sobre una ....3................. que estaba escuchando Antonio. Esperan a que llegue el profesor de ....4................. para entrar en clase y, mientras hablan, ven a Adriana, que es una ....5................. de clase que le ....6................. a Antonio. Este, al ver que ella también lo mira, se pone rojo como un tomate de la ....7................. Detrás de Adriana vemos al ....8................. de Música, al que no le gusta que los alumnos no estén ....9................. en su sitio cuando él llega a clase.

2. Compara tus respuestas con las tu compañero. ¿Habéis coincidido? Después, comprobad las soluciones con las palabras que aparecen en este recuadro.

> *compañera* ○ *vergüenza* ○ *sentados* ○ *instituto* ○ *gusta* ○ *profesor* ○ *Música* ○ *canción* ○ *clase*

3. Completa las frases con el verbo entre paréntesis en el tiempo adecuado y escribe el nombre de quien las piensa.

a Cuando ....pase.... *(pasar)* por aquí, ... *(intentar)* hablar con ella.

b Seguro que cuando lo .... *(saludar)*, se .... *(ponerse)* rojo.

c Antes de que .... *(llegar)* el profesor, ... *(tener)* que estar sentados.

d En cuanto ....entre.... *(entrar)* en clase, les .... *(decir)* que hay examen la semana que viene.

Trabajamos con el diálogo

4. Lee el diálogo que mantuvieron Antonio y Roberto y completa los espacios en blanco con las siguientes palabras.

> atento ○ musa ○ coladita ○ tonto ○ distraído ○ corte ○ loco ○ amor ○ enamorado

Roberto: ¡Antonio! ¡Antoooonio!

Antonio: ¡Ay! Hola Roberto, no te había visto.

R.: ¿Cómo me vas a ver con lo distraído que estás?

A.: Es que estaba escuchando una canción que me encanta y…

R.: ¿Qué canción?

A.: La nueva de *Nerea*, ¿la has escuchado?

R.: Sí, claro, si es el tema más descargado de la semana en *Youtube*. Está bien, ella tiene una voz espectacular, pero… es demasiado romántica, ¿no? Bueno, para ti es perfecta porque con lo ....1........................ que estás últimamente…

A.: Anda, ¿pero qué dices?

R.: ¿Que no? Pero si se te nota de lejos que estás ....2................ por Adriana. Cada vez que la ves, pones una cara de ....3................…

A.: Vale, vale, lo que tú digas. Por cierto, he compuesto un temazo. Si quieres, esta tarde lo ensayamos. A ver si nos da tiempo a tocarlo en el concierto.

R.: ¡Genial! Por cierto, mira quién viene por ahí, tu ....4................…

A.: ¡Ay, madre, qué ....5................! Tú ahora **no te vayas** y **no me dejes solo**. Es que cuando estoy con ella no sé qué me pasa

que nunca sé qué decirle y me da rabia que piense que soy un tonto…

R.: Pues dile, por ejemplo, que le has escrito una canción y que **quieres que vaya** a nuestro concierto. Seguro que **cuando te oiga** dedicándole "su" tema subido a un escenario, se queda ....6................ por ti. Ya sabes, a las chicas les encanta que les demostremos lo que sentimos por ellas…

A.: ¿Qué dices? No me atrevo… ¿Por qué no se lo dices tú?

R.: ¿Yoooo? ¡Pero si a mí no me gusta!

A.: ¡Ay! ¡Qué nervios! Ya viene y me está mirando…

R.: Sí, y detrás viene el profe de Música. Así que mejor dejas tu declaración de ....7................ para otro momento y entramos en clase, que **cuando nos vea** hablando en la puerta…

A.: Sí, mejor entramos. Por cierto, ¿tienes los apuntes del otro día? Es que no estuve muy ....8................…

R.: Sí, anda, y a ver si hoy escuchas más al profe y compones menos.

A.: Bueno, es que la inspiración llega **cuando menos te lo esperas**.

5. 🎧19 Ahora escucha el diálogo y comprueba.

6. Y tú, ¿te has sentido alguna vez igual que Antonio? Habla con tu compañero.

7. De las palabras o expresiones que aparecen en el diálogo:

¿Cuál...

a. la puedes decir si algo te da vergüenza? ➡ ....

b. significa estar enamorado? ➡ ....

c. se dice de una canción muy buena? ➡ ....

d. se dice cuando una persona no presta atención? ➡ ....

8. Fíjate en las frases que aparecen en negrita en el diálogo y habla con tu compañero. ¿Cuál es la estructura? ¿Y su uso? ¿Qué tienen en común?

EXTENSIÓN DIGITAL — Practica lo que has aprendido con el material interactivo extra.

Hablar por hablar

1. **¿Cómo te sientes en estas ocasiones? Habla con tu compañero.**

> *un día de lluvia* ○ *en primavera* ○ *antes de un examen* ○ *en Navidad* ○ *si ves una pelea* ○
> *en un concierto* ○ *en el mar* ○ *en el dentista* ○ *de vacaciones* ○ *después de un examen* ○ *en el teatro*

⟩ EXPRESAR SENTIMIENTOS Y ESTADOS DE ÁNIMO (I)

Estoy
(estar)

contento	nervioso
encantado	triste
aburrido	…

con la nueva *profesora* de Literatura. (nombre)
cuando/si *juega* mi equipo. (indicativo)
de *estar* aquí. (infinitivo: mismo sujeto)
de que te *vayas*. (subjuntivo: diferente sujeto)

⚠️ ▪ *Estoy preocupado por Álex. Hace días que no viene a clase.*

Me pongo
(ponerse)

alegre	furioso
nervioso	contento
de mal/buen humor …	

Me siento
(sentirse)

bien/mal/fatal…

cuando *escucho* mi música favorita.
si me *cuentan* el final de una película.

Adoro
No soporto
No aguanto
Odio

los *paisajes* de Asturias. (nombre)
madrugar. (infinitivo: mismo sujeto)
que me *empujen* en el metro. (subjuntivo: diferente sujeto)

⟩ **Ver** *Apéndice gramatical*, **pág. 120**

2. **Completa los diálogos con estos adjetivos y los verbos del cuadro anterior.**

> *nervioso* ○ *histérica* ○ *tranquilo* ○ *preocupado* ○ *serio*

a.
► Pero, ¿qué te pasa? Desde que has llegado ....1.......... muy ....a........…
► Es que ....2........ ....b........ por el examen de mañana. He estudiado mucho, pero ahora creo que estoy hecho un lío y no entiendo nada.
► Bueno, eso es normal, yo también ....3.............. ....c.......... antes de un examen. Mira, hazte una infusión y vete pronto a la cama, ya verás como mañana, después de descansar, ...4........ más ....d........ y te acuerdas de todo.

b.
► Sergio, ¿has sido tú el que ha usado mi ordenador?
► ¡Ay, sí! Es que le he dejado mi portátil a Santi.
► ¿Y por qué no me lo pides? ¡Te he dicho mil veces que no ....5........ que me cojan las cosas sin pedírmelas!
► Bueno, no te pongas así, ha sido un momento…
► Que no, Sergio, que no, además sabes de sobra que ....6........ que me toquen mi ordenador, pero nada, tú siempre igual…
► ¡Vale vale, hija! No ....7........ ....e........…

3. **Ahora escucha y comprueba.**

4. **Vuelve a la actividad 1 y explícale a tu compañero, con las expresiones aprendidas, cómo te sientes en esas situaciones.**

5. 🎧 21 **Escucha el diálogo y completa el cuadro.**

> **EXPRESAR SENTIMIENTOS Y ESTADOS DE ÁNIMO (II)**

	da/n	- rabia - vergüenza - igual - lástima ...	- .... - .... - .... - ....

(A mí) **me**
(A ti) **te**
(A él/ella/usted) **le**
(A nosotros/as) **nos**
(A vosotros/as) **os**
(A ellos) **les**

pone/n
- triste — ....
- alegre — ....
- histérico — ....
- de buen humor — de los nervios
- de mal humor

.........................../n
molesta/n
indigna/n
impresiona/n

ver una película empezada. (Quien experimenta el sentimiento y quien realiza la acción es la misma persona.)

que la gente *coma* palomitas en el cine. (Quien experimenta el sentimiento y quien realiza la acción son personas distintas.)

las películas de amor. (nombre)

(A nosotros) Nos pone nerviosos (nosotros) tener que esperar en la cola del cine.
(A mí) Me da rabia que en el cine (otras personas) hablen durante la película.

> **Ver** *Apéndice gramatical*, **pág. 120**

6. **Relaciona.**

1. Me da vergüenza • • **a.** que llegue a casa de noche, nunca voy solo.

2. Me pone de mal humor • • **b.** que salga de casa sin hacer mi cama.

3. A mi madre le da mucha rabia • • **c.** que la gente haga fotos con flash en los museos.

4. Me aburren • • **d.** actuar delante de tanta gente.

5. Mamá, no sé por qué te da miedo • • **e.** las películas históricas.

7. **Completa los espacios con los verbos aprendidos en la forma correcta.**

a. .... las personas que se cuelan en la cola del cine.

b. .... que el guitarrista de *La sonrisa de Eva* quiera dejar el grupo.

c. ¿No .... que la ópera sea tan cara?

d. .... escuchar música alegre.

e. A mi hermana .... las películas de terror, pero a mí no.

f. .... que no sea gratis entrar a los museos.

8. **A Antonio le gusta Adriana, pero le pone nervioso estar cerca de ella. Busca situaciones que te produzcan estos sentimientos y cuéntaselo a tu compañero.**

- Me molesta que…
- Me pone nervioso que…
- Me da vergüenza…
- Me aburren…
- Me da pena que…

- Me dan miedo…
- Me da rabia…
- Me ponen de buen humor…
- Me pone de mal humor…

- Me molesta que pongan anuncios cuando estoy viendo una película en la tele.

EXTENSIÓN DIGITAL

Practica lo que has aprendido con el material interactivo extra.

Paso a paso

> PERÍFRASIS VERBALES

■ **Empezar/ponerse a** + infinitivo
Expresan el inicio de una acción:
*He **empezado a leer** un libro muy interesante.*
*Luis, ¡**ponte a hacer** los deberes ahora mismo!*

■ **Volver a** + infinitivo
Expresa la repetición de una acción:
*El año pasado fui a Barcelona y este año **he vuelto a ir**.*

■ **Seguir/continuar** + gerundio
Expresan la continuación de una acción:
***Sigo estudiando** en el mismo instituto que el año pasado.*
*El año pasado iba a clases de teatro y este **continuaré yendo**.*

■ **Acabar de** + infinitivo
Expresa una acción terminada recientemente.
▶ *¡**Acabo de ver** al chico que conocimos ayer en el concierto!*
▶ *¿Dónde, dónde? Yo no lo veo.*

■ **Dejar de** + infinitivo
Expresa la interrupción de una acción.
***He dejado de ir** a clases de guitarra porque no tengo tiempo.*

> Ver *Apéndice gramatical*, **pág. 120**

---

1. Completa el texto con las perífrasis adecuadas.

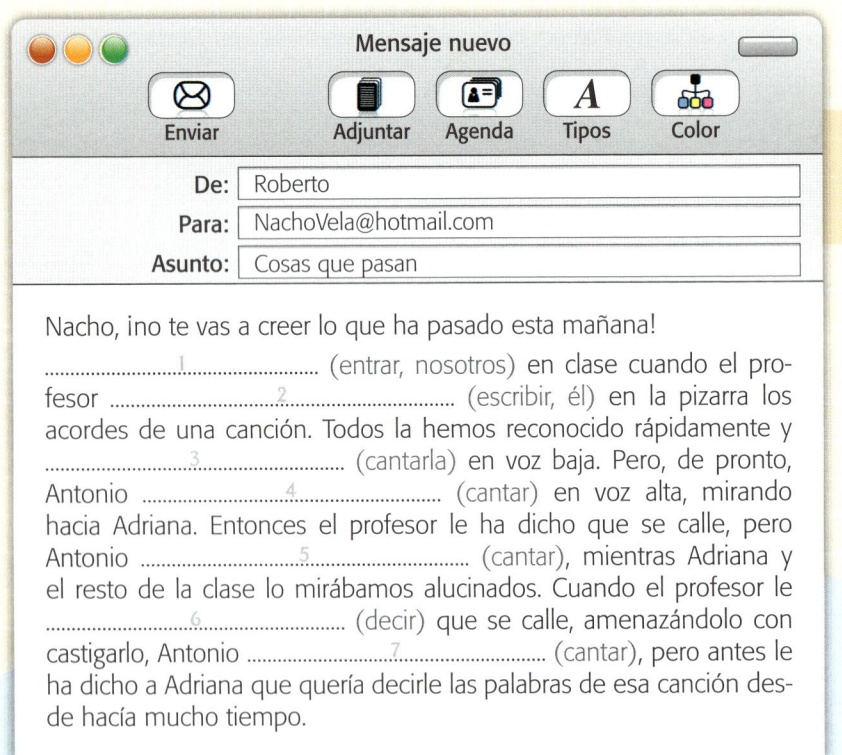

Mensaje nuevo

Enviar   Adjuntar   Agenda   Tipos   Color

De: Roberto
Para: NachoVela@hotmail.com
Asunto: Cosas que pasan

Nacho, ¡no te vas a creer lo que ha pasado esta mañana!
........................1......................... (entrar, nosotros) en clase cuando el profesor ....2..................... (escribir, él) en la pizarra los acordes de una canción. Todos la hemos reconocido rápidamente y ....3..................... (cantarla) en voz baja. Pero, de pronto, Antonio ....4..................... (cantar) en voz alta, mirando hacia Adriana. Entonces el profesor le ha dicho que se calle, pero Antonio ....5..................... (cantar), mientras Adriana y el resto de la clase lo mirábamos alucinados. Cuando el profesor le ....6..................... (decir) que se calle, amenazándolo con castigarlo, Antonio ....7..................... (cantar), pero antes le ha dicho a Adriana que quería decirle las palabras de esa canción desde hacía mucho tiempo.

---

2. Piensa en tu vida actual. Seguro que hay cosas que han cambiado y otras que siguen igual. Escribe en tu cuaderno un texto donde aparezcan las perífrasis estudiadas, colando entre ellas una información falsa. Después, en parejas, leed lo que ha escrito el compañero y encontrad la información falsa.

- El año pasado fui de vacaciones a la Costa Brava y me gustó tanto que este año he vuelto a ir...

VERBOS DE CAMBIO

Para expresar **cambios espontáneos o provisionales** en una persona usamos:

- **Ponerse** + adjetivo
  *Al hablar **se ha puesto muy nervioso**.*   *__Se ha puesto rojo__ cuando le han preguntado.*

- **Quedarse** (indica el resultado, el estado final)
  __Se ha quedado muy sorprendido__ por la noticia.   *¡Mi madre **se ha quedado embarazada**!*

  - A veces, **quedarse** también expresa cambios permanentes: *Mi abuelo **se quedó calvo**.*

Para expresar **cambios permanentes** usamos:

- **Volverse** (no voluntario)
  __Se ha vuelto un antipático__. Antes no era así.   *Jugó a la lotería y **se volvió millonario**.*
  *Desde su divorcio, **se ha vuelto más reservada**.*

- **Hacerse** (cambio voluntario o gradual)
  *Antes era abogado y ahora **se ha hecho juez**.*   *Con esa situación **se hizo fuerte**.*

  - Puede aparecer con adjetivos y sustantivos que expresan profesión, religión e ideología.
    *Estudió Medicina y **se hizo médico**.*   *Viajó al Tíbet y **se hizo budista**.*

3. **Completa con el verbo de cambio correcto.**

a. .... un antipático
b. .... blanco
c. .... guapo
d. .... más delgado
e. .... contento
f. .... más sociable
g. .... vegetariano
h. .... un irresponsable
i. .... empresario

4. **Ahora, termina las frases con algunas expresiones del ejercicio anterior.**

a. Desde que es famoso siempre contesta mal a todo el mundo, ...
b. Los han invitado a la inauguración de una galería de arte, ...
c. Estudió un máster de negocios muy prestigioso y ....
d. Desde que es bailarina ....
e. Cuando le han dado la nota del examen de Literatura ....
f. Desde que trabaja en una ONG en defensa de los animales ....

5. 22 **Blanca y Esther, dos amigas que se conocieron en el instituto, hablan de la fiesta de exalumnos a la que Esther no pudo ir. Escucha y completa con los cambios en la vida de cada uno de ellos.**

	Martín	Carolina	Gustavo	Antonio	Elena	Dani
Aspecto físico						
Carácter						
Profesión						
Ideología						
Vida personal						

Practica lo que has aprendido con el material interactivo extra.

Palabra por palabra

El adjetivo calificativo informa de una propiedad, cualidad o característica del nombre al que acompaña.

- Los adjetivos **bueno**, **malo** y **grande** se acortan delante del nombre:
  *Es un **buen hijo**.*   *No es un **mal ejemplo**.*   *Es una **gran película**.*

- Cuando el adjetivo se antepone al nombre puede cambiar de significado:
  *Es un **gran** libro* (calidad) = *Es un libro **grande*** (tamaño).
  *Es un **viejo** amigo* (de hace años) = *Es un amigo **viejo*** (edad).
  *Es un **único** ejemplar* (no hay más) = *Es un ejemplar **único*** (no hay otro igual).

  A veces, esta anteposición tiene simplemente un valor enfático:
  *Tenemos un **serio** problema.*

- A veces podemos formar el contrario de un **adjetivo de carácter** añadiéndole
  un prefijo como **in-** o **des-**.
  paciente ◄► **impaciente**   **útil** ◄► **inútil**
  agradable ◄► **desagradable**   **leal** ◄► **desleal**

1. Escribe en tu cuaderno frases en las que quede claro el significado entre:

- **a.** Es una empresa grande/Es una gran empresa.
- **b.** Es un alumno viejo/Es un viejo alumno.
- **c.** Es una única obra/Es una obra única.

2. Completa los espacios con los siguientes adjetivos.

> tranquilo ○ preocupado ○ sociable ○ generoso ○ tolerante ○ sincero ○ flexible ○ falso ○ egoísta

- **a.** Si siempre digo la verdad, soy ....; pero si no digo lo que pienso, soy ....
- **b.** Cuando no estoy nervioso, estoy ....
- **c.** Si me gusta compartir lo mío con los demás, soy ....; pero si lo quiero todo para mí y no pienso en los demás, soy ....
- **d.** Si me gusta relacionarme con las personas, soy ....
- **e.** Cuando me adapto fácilmente a las situaciones y acepto los cambios, soy ....
- **f.** Si acepto otras opiniones y a las personas diferentes a mí, soy ....
- **g.** Cuando tengo un problema, estoy ....

3. Escribe el contrario de los siguientes adjetivos.

- **a.** flexible → *inflexible*
- **b.** comprensivo → ....
- **c.** educado → ....
- **d.** preocupado → ....
- **e.** responsable → ....
- **f.** tolerante → ....
- **g.** fuerte → ....
- **h.** tranquilo → ....
- **i.** puntual → ....
- **j.** sociable → ....
- **k.** optimista → ....
- **l.** introvertido → ....
- **m.** trabajador → ....
- **n.** seguro → ....
- **ñ.** paciente → ....

4. ¿Cómo te describirías? ¿Cómo describirías a tu compañero? Habla con él para ver si coincidís.

¡Qué arte!

5. Completa el siguiente esquema de las actividades artísticas con las palabras que tienes a continuación. Ten en cuenta que algunas pueden colocarse en más de un lugar.

flash ○ ciencia ficción ○ melodía ○ compositor ○ obra ○ cuadro ○ acueducto ○ paisaje ○ violinista
novelista ○ ensayar ○ aventuras ○ estatua ○ retrato ○ canción ○ poema ○ galería de arte ○ pintar
escultor ○ baile ○ fotografiar ○ orquesta ○ ballet ○ diseñar ○ policiaca ○ tratar de ○ muralla
cámara ○ álbum ○ poeta ○ bailarín ○ histórica ○ contar ○ cuento ○ tema ○ guitarrista ○ zoom

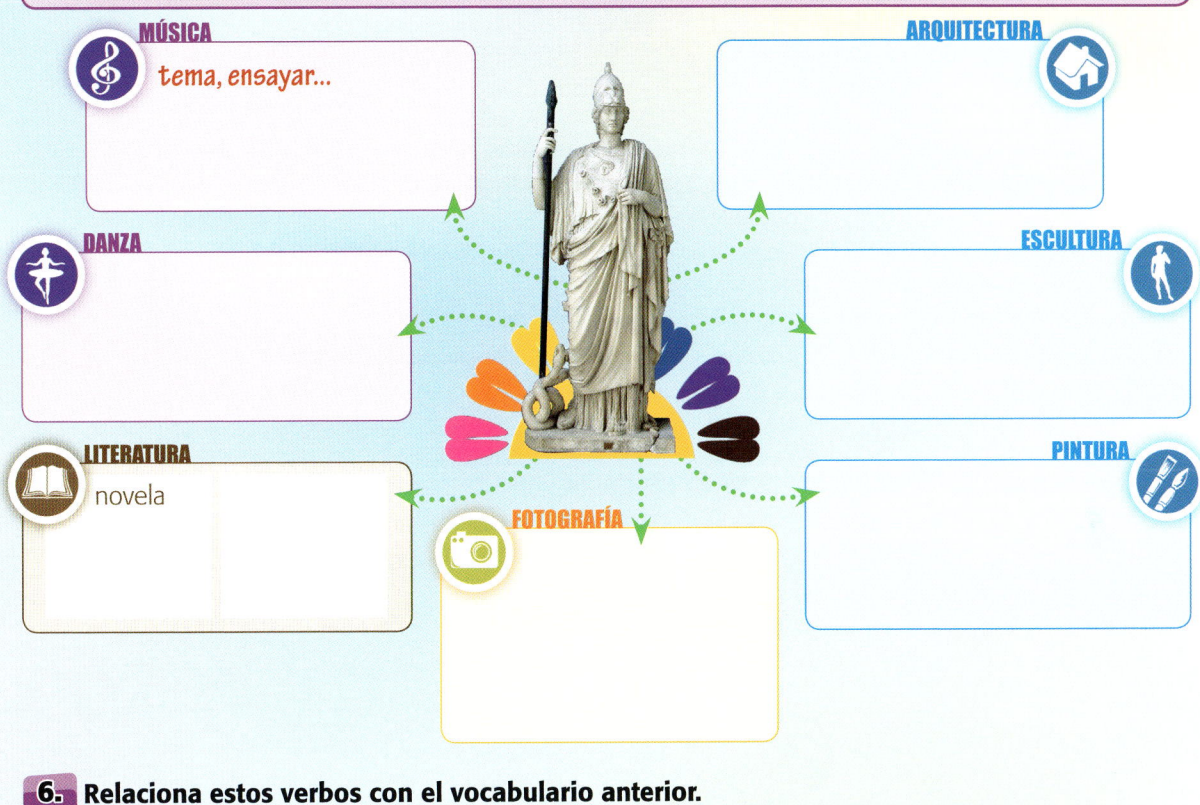

MÚSICA — tema, ensayar...

ARQUITECTURA

DANZA

ESCULTURA

LITERATURA — novela

PINTURA

FOTOGRAFÍA

6. Relaciona estos verbos con el vocabulario anterior.

a. Componer → un tema, ...
b. Tocar → ....
c. Tomar → ....
d. Escribir → ....
e. Sacar → ....
f. Construir → ....

7.  Escucha los testimonios de varias personas y escribe su profesión y de qué hablan en cada caso.

a. ....
b. ....
c. ....
d. ....

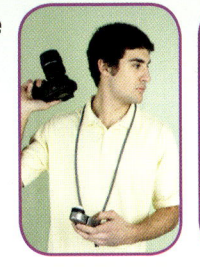  

8. Habla con tu compañero.

a. ¿Has practicado alguna de estas actividades artísticas? ¿Cuál?
b. ¿Hay alguna que te gustaría practicar y aún no lo has hecho?
c. ¿Crees que tienes alguna aptitud artística? ¿Eres bueno haciendo algo?
d. ¿Cuál es tu obra favorita de cada actividad artística? ¿Por qué?

EXTENSIÓN DIGITAL Practica lo que has aprendido con el material interactivo extra.

División de palabras a final de línea y extranjerismos

División de palabras a final de línea

■ Cuando escribimos un texto y la palabra no nos cabe a final de una línea, cortamos la palabra separando las sílabas y colocamos un **guion**.

> La música es el arte de combinar los sonidos de la voz humana o de un **instru-mento** para deleitar o conmover la sensibilidad.

Atención: Los grupos **pr**, **br**, **bl**, **cl**, **ch**, **ll**, **rr**, **gu**, **qu**... no se pueden separar.

■ Tampoco hay que separar:
- Los prefijos: *pre-/historia*; *geo-/logía*; *inter-/relacionado*. Atención: *sub-/rayar*.
- Los grupos de dos o tres vocales: *come-/réis*; *prohi-/bido*; *ca-/liente*.
- Cuando una vocal queda sola al final o al comienzo de un renglón: *ale-/gría*; *ac-/túa*; *amis-/tad*.
- Cuando hay consonantes seguidas en una misma sílaba: *supers-/ticioso*; *abs-/tracto*.
- Cuando después de un punto y seguido, va una sílaba de tres letras o menos:
  Ayer cenamos en un restaurante. Comi-/mos…
- Las palabras de solo cuatro letras: *pero; solo; raro…*

Atención: La **x** va unida a la siguiente letra cuando va seguida de vocal (*bo-/xeo*; *refle-/xión*) o con la anterior si le sigue una consonante (*mix-/to*).

1. Separa estas palabras de todas las formas posibles a final de línea.

a. arreglo ➡ .... **g.** extraño ➡ ....
b. guerrero ➡ .... **h.** averiguar ➡ ....
c. examen ➡ .... **i.** constante ➡ ....
d. atmósfera ➡ .... **j.** inscribirse ➡ ....
e. boxeador ➡ .... **k.** península ➡ ....
f. Geografía ➡ .... **l.** construcción ➡ ....

Extranjerismos

En español usamos algunas palabras que proceden de otras lenguas. Se dividen en:
- **Voces adaptadas:** se adaptan a la ortografía y pronunciación del español: estrés, eslogan, cabaré…
- **Voces no adaptadas:** se escriben igual que en la lengua original y su pronunciación es más o menos aproximada a ella: pizza, rock and roll, jazz, pendrive.

2. 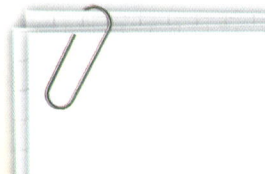 Dictado.

3. Compara las palabras que has escrito con las de tu compañero. Se tratan de extranjerismos muy comunes entre los hispanohablantes. Después, decide cuáles crees que son voces adaptadas y cuáles no.

 Practica lo que has aprendido con el material interactivo extra.

Prueba de comprensión auditiva

1. 🎧 25 **A continuación escucharás cuatro diálogos breves entre dos personas. La persona que responde lo hace de tres formas distintas, pero solo una es adecuada. Oirás cada diálogo dos veces. Después de la segunda audición marca la opción correcta.**

Diálogo 1:

Chico: ....

Chica: ....

  a. Sí, ha empezado a estudiar.
  b. No, acaba de terminar.
  c. Sí, ha dejado de estudiar.

Diálogo 2:

Chico: ....

Chica: ....

  a. Me pongo muy nerviosa.
  b. No soporto nada.
  c. Me siento de buen humor.

Diálogo 3:

Chico: ....

Mujer: ....

  a. Me he vuelto nerviosa.
  b. Me quedé nerviosa.
  c. Me puse roja.

Diálogo 4:

Chico: ....

Chica: ....

  a. Estar siempre en alerta.
  b. Esperar a la inspiración.
  c. Cerrar los ojos y escuchar la melodía.

2. 🎧 26 **A continuación escucharás dos diálogos muy breves. Se te hará una pregunta acerca de cada uno de ellos. Escoge una de las tres respuestas que se proponen. Oirás cada diálogo dos veces. Después de la segunda audición marca la opción correcta.**

Texto 1: ¿Dónde creía el chico que la chica había hablado con Juan?

Texto 2: ¿Qué prenda está agotada en la tienda?

3. 🎧 27 **A continuación vas a oír la megafonía de un centro escolar. La oirás dos veces. Después de la segunda audición, marca la opción correcta.**

	V	F
1. Las bases del concurso se pueden consultar en Internet y en los tablones informativos del instituto.	☐	☐
2. El sobre en el que tienen que enviar el escrito se puede recoger en el Departamento de Lengua y Literatura del instituto.	☐	☐
3. La modalidad del trabajo es libre.	☐	☐

Música hispana

1. Fíjate en las imágenes, ¿sabes qué bailes o tipo de música representan?

2. Relaciona estos tipos de música con las imágenes anteriores.

☐ el flamenco   ☐ las rancheras   ☐ la salsa   ☐ el tango

3. ¿Quieres saber algo más sobre ellos? Lee los textos y escribe en los espacios a qué música se refieren.

a. Original del Río de la Plata, ... nace de la fusión cultural entre los nativos y los inmigrantes europeos que se afincaron en aquella zona en las últimas décadas del siglo XIX. Se baila en parejas enlazadas, de forma muy pasional y sensual. Las letras de sus canciones, basadas en un argot local llamado *lunfando*, expresa tristezas de carácter principalmente amoroso.

b. Género tradicional originado en el siglo XVIII, relacionado con la cultura andaluza y la etnia gitana. Sus principales facetas son el baile, el cante y el toque. En la década de los 70, la renovación del género y el contacto con otros estilos da paso al llamado .... fusión, siendo Camarón de la Isla y Paco de Lucía dos de sus figuras más importantes. En 2010 la Unesco lo declaró Patrimonio Cultural Inmaterial de la Humanidad.

c. Género popular de la música mexicana, interpretada principalmente por mariachis y de estilo muy emocional. Nace en el siglo XIX y más tarde se convirtió en icono de la expresión popular de México. Curiosamente, ... alcanzaron fama mundial gracias a una española: Rocío Dúrcal, considerada la reina de las rancheras. Entre las décadas de los 70 y 90 Vicente Fernández y su hijo Alejandro Fernández, entre otros, siguieron manteniendo vivo este género.

d. Género musical del siglo XX, de origen afrocubano, muy bailable, ejecutado por una orquesta que toca instrumentos de percusión, viento y cuerda, junto con uno o varios cantantes. .... nació de la mezcla de otros bailes como el *mambo* o el *chachachá* y forma parte de los conocidos como *ritmos caribeños*, entre los que también destacan el *merengue* o la *cumbia*.

4. 🎧28 Realiza ahora un recorrido por la música de distintos países de habla hispana con la actividad que te va a proponer tu profesor.

El pop español

5. **Lee el siguiente texto sobre el pop español y completa los espacios con las frases que aparecen a continuación.**

Pero sin duda, el género que más seguidores tiene hoy en España es el *pop*, ▢(1)▢ . En los 60 y 70, ▢(2)▢ , fueron famosos grupos como los *Brincos*, los *Bravos* o *Fórmula V*.

En los 80, influidos por la conocida *movida madrileña*, surgen grupos como *Alaska y Dinarama*, los *Secretos* o *Radio Futura*. ▢(3)▢ . Actualmente, grupos pop punteros en el panorama musical español ▢(4)▢ son: *Maldita Nerea*, el *Canto del Loco*, *Amaral* o *Pereza*, entre otros.

Es importante señalar también que el *flamenco* ha ejercido una gran influencia en muchos de los grupos y cantantes de la actualidad: así, ▢(5)▢ , como es el caso de *Chambao* y su *flamenco-chill* o el *Bicho* y su *flamenco errante*.

a. Después les seguirán *Hombres G*, *Mecano* o *Duncan Dhu*, líderes indiscutibles de aquella década ➡ ....

b. música que se puede cantar y bailar, tiene su origen con la llegada del rock a España en los años 50 ➡ ....

c. mientras grupos como *Ojos de Brujo* imitan sus compases, otros se decantan por nuevas y arriesgadas fusiones ➡ ....

d. décadas conocidas como la *era dorada de los grupos españoles* ➡ ....

e. y que suelen encabezar listas de éxitos ➡ ....

6. **Habla con tu compañero.**

a. ¿Conoces alguno de estos estilos musicales o cantantes? ¿Te gustan?

b. ¿Conoces otros cantantes o grupos musicales hispanos? ¿Cuáles?

7.  **¿Piensas que hay relación entre la música y las emociones? ¿Has pensado alguna vez en el carácter social de la música? Habla con tu compañero y decide si las siguientes afirmaciones son verdaderas o falsas. Después escucha y comprueba.**

	V	F
a. La cultura a la que pertenecemos influye en nuestra manera de entender la música.	▢	▢
b. La música influye en nuestro estado de ánimo, incluso en nuestro comportamiento.	▢	▢
c. Todas las sociedades poseen escritura, pero algunas no poseen música.	▢	▢
d. La música nos ayuda a comunicarnos y a entender mejor a los demás.	▢	▢

8. **Teniendo en cuenta lo que acabas de oír y los tipos y grupos de música hispana que ya conoces, ¿qué escucharías cuando...? Razona tu respuesta y coméntalo con tu compañero, ¿coincidís en algo?**

*estás enamorado ○ te apetece mucho bailar ○ quieres relajarte
quieres cantar y bailar al mismo tiempo ○ estás de mal humor*

EXTENSIÓN DIGITAL

Practica lo que has aprendido con el material interactivo extra.

¡Me lo sé!

Expresar sentimientos y estados de ánimo   .... /17

1. Completa las frases con el verbo entre paréntesis en la forma correcta.

a. Estoy contenta de que .... (llegar) las vacaciones.

b. Estoy triste cuando .... (despedirse, yo) de un amigo por mucho tiempo.

c. Me enfado si mi hermana .... (ponerse) mi ropa sin pedírmela.

d. Me molesta que la gente .... (tirar) papeles al suelo.

e. Nos preocupa no .... (entregar, nosotros) el trabajo a tiempo.

f. Odio .... (hacer, yo) mi cama por las mañanas.

g. Me pongo nervioso cuando .... (esperar, yo) el autobús y tarda mucho en llegar.

2. Coloca las siguientes palabras en la columna correspondiente.

de mal humor ○ *pena* ○ *rabia* ○ *triste* ○ *lástima* ○ *igual* ○ *de los nervios* ○ *vergüenza*

Poner	Dar

Ahora escribe una frase con cada uno de los verbos.

Poner ....

Dar ....

Perífrasis verbales   .... /5

3. Escribe de nuevo las siguientes frases usando perífrasis verbales, como en el ejemplo.

a. Juan ha suspendido el examen de Música de nuevo.
(Volver a) ➡ *Juan ha vuelto a suspender el examen de Música.*

b. Ana y Luis eran muy amigos, pero hace un mes se enfadaron y ahora no se hablan.
(Dejar de) ➡ ....

c. María empezó a estudiar solfeo a los 8 años y ahora con 16 años todavía lo estudia.
(Seguir) ➡ ....

d. Me he apuntado a clases de guitarra y voy desde hace una semana.
(Empezar a) ➡ ....

e. He visto al profesor de Música hace cinco minutos.
(Acabar de) ➡ ....

f. A Carlos le gustaba ver dibujos animados de pequeño y ahora también le gusta.
(Continuar) ➡ ....

Verbos de cambio   .... /5

4. Selecciona la opción correcta en cada caso.

a. Como dejó el deporte **se puso/se volvió/se quedó** muy gorda.

b. Desde que le han robado **se ha puesto/se ha vuelto/se ha quedado** más desconfiada.

c. Como ya sabe que ha aprobado, **se ha puesto/se ha vuelto/se ha quedado** tranquila.

d. Como la invitaron a un concierto, **se puso/se volvió/se quedó** muy contenta.

e. Desde que vive sola **se ha puesto/se ha vuelto/se ha quedado** más independiente.

Adjetivos calificativos ..../8

5. Define cómo es una persona así y después escribe al lado el adjetivo contrario.

a. egoísta ➡ ....

b. sincera ➡ ....

c. vaga ➡ ....

d. tolerante ➡ ....

Actividades artísticas ..../12

6. Completa los espacios con las siguientes palabras.

cuentos ○ aventuras ○ paisaje ○ pintor ○ galería de arte ○ cuadros
retrato ○ murallas ○ fotografías ○ acueducto ○ cámara ○ novela

Las ....1.......... de Ávila se construyeron a finales del siglo XI y el ....2.......... de Segovia entre los siglos I y II.

Estuvimos en Asturias y el ....3.......... era tan bonito que saqué un montón de ....4.......... con mi nueva ....5...........

Estoy leyendo una ....6.......... de ....7.......... que trata de tesoros y piratas. Es de una escritora que también escribe ....8.......... para niños.

En la ....9.......... había obras de un ....10.......... muy original. Sus ....11.......... me encantaron, sobre todo el ....12.......... de su mujer.

Separación a final de línea y extranjerismos ..../19

7. Imagina que estas palabras están a final de línea y tienes que cortarlas. ¿Cómo lo harías?

a. Astronauta ➡ ....   **d.** surrealismo ➡ ....   **g.** deshacer ➡ ....

b. estudiáis ➡ ....   **e.** contradecir ➡ ....   **h.** geometría ➡ ....

c. ambulancia ➡ ....   **f.** descripción ➡ ....   **i.** prohibido ➡ ....

8. Marca cuáles de las siguientes palabras han adoptado la ortografía y fonética del español.

☐ estrés   ☐ pizza   ☐ cruasán   ☐ cabaré   ☐ software

☐ estatus   ☐ yogur   ☐ pendrive   ☐ blus   ☐ piercing

Música hispana ..../4

9. Contesta las siguientes preguntas.

a. ¿Qué género es el más antiguo?

b. ¿Cuál tiene un origen afrocubano?

c. ¿Cuál usa un lenguaje propio? ¿Cómo se llama?

d. ¿Qué género tiene su origen en México?

EXTENSIÓN DIGITAL Practica lo que has aprendido con el material interactivo extra.

Érase una vez...

1. **Relaciona las siguientes definiciones con la palabra correspondiente.**

- **a.** Insecto que busca el excremento de otros animales para alimentarse.

1. Azabache •
- **b.** Amarillo. Se dice así porque hay una flor de este color con el mismo nombre.

2. Escarabajo •
- **c.** Sonido que producen los cascabeles.

3. Hocico •
- **d.** Tipo de carbón, de color negro, que se usa como adorno en collares, pulseras…

4. Gualdo/a •
- **e.** Resina fósil de color amarillo, que se emplea en collares, etc.

5. Trote •
- **f.** Modo de caminar acelerado de algunos animales, que avanzan saltando.

6. Cascabeleo •

7. Higo •
- **g.** Fruto de la higuera, dulce, de color verde por fuera y blanco o rojo por dentro.

8. Ámbar •
- **h.** Lento, pausado.

9. Despacioso •
- **i.** Parte de la cabeza de algunos animales, en la que están la boca y la nariz.

2. **Lee el siguiente fragmento de la obra titulada _Platero y yo_ de Juan Ramón Jiménez.**

Platero es pequeño, peludo, suave; tan blando por fuera, que se diría todo de algodón, que no lleva huesos. Solo los espejos de azabache de sus ojos son duros cual dos escarabajos de cristal negro.

Lo dejo suelto y se va al prado, y acaricia tibiamente con su hocico, rozándolas apenas, las florecillas rosas, celestes y gualdas… Lo llamo dulcemente: "¿Platero?", y viene a mí con un trotecillo alegre que parece que se ríe, en no sé qué cascabeleo ideal…

Come cuanto le doy. Le gustan las naranjas mandarinas, las uvas moscateles, todas de ámbar; los higos morados, con su cristalina gotita de miel…

Es tierno y mimoso igual que un niño, que una niña…; pero fuerte y seco por dentro, como de piedra… Cuando paso sobre él, los domingos, por las últimas callejas del pueblo, los hombres del campo, vestidos de limpio y despaciosos, se quedan mirándolo:

- "Tien' asero…"

Tiene acero. Acero y plata de luna, al mismo tiempo.

3. **Contesta estas preguntas y coméntalas con tu compañero.**

- **a.** Según el texto y la imagen, ¿qué animal es Platero?
- **b.** ¿Cómo es físicamente? ¿Y su carácter o personalidad?
- **c.** El autor utiliza metáforas y comparaciones para describir a Platero. ¿Podrías localizarlas en el texto? ¿Sabes qué significan todas?

4. **El siguiente texto habla sobre la biografía del autor de esta obra. Léelo y ordena los párrafos.**

○ De carácter hipersensible, la melancolía lo acompañó a lo largo de su vida. En 1913 conoce en Madrid al gran amor de su vida, Zenobia Camprubí, con la que se casó durante su viaje a Estados Unidos en 1916.

○ En 1936, al estallar la Guerra Civil, abandonan España para no regresar nunca. Estados Unidos, Cuba y Puerto Rico fueron sus lugares de residencia a partir de entonces.

○ La primera se caracteriza por ser íntima, emotiva y sentimental, abundan las descripciones del paisaje como reflejo del alma del poeta, y también la melancolía, la música, los recuerdos y los ensueños. El modernismo de Rubén Darío y el simbolismo francés influirán en esta etapa de juventud. Es el tiempo en el que escribió la obra que lo inmortalizó, *Platero y yo*,

① **Juan Ramón Jiménez** nació en Huelva (España) en 1881, fue un niño solitario y su infancia transcurrió en el pueblo de Moguer, en contacto con la naturaleza.

○ el libro español traducido a más lenguas del mundo, junto con el *Quijote*. Escrita en prosa poética, está inspirada en la amistad del autor con un burro pequeño y peludo que lo acompañó en sus paseos por su pueblo natal.

○ Ya en el colegio se sintió atraído primero por la pintura, después por la música y finalmente por la poesía.

○ Otra de sus obras más conocidas, *Diario de un poeta recién casado* (1917), escrito a partir de su viaje por mar a Estados Unidos, representa una ruptura con la poesía *sensitiva,* iniciándose así una poesía más *intelectual* que lo situará en el camino hacia otra más *metafísica* y *depurada* en su última etapa.

○ En 1956, tres días antes de la muerte de su esposa, recibió el Premio Nobel de Literatura, él moriría tan solo dos años después.
Su obra es muy extensa y su poesía pasa por distintas etapas.

5. **En su primera etapa, el autor intenta provocar sensaciones a partir de sus descripciones. ¿Qué sensaciones te provoca la descripción de Platero?**

6. **¿Tienes o has tenido algún animal? Intenta escribir una descripción de él, igual que lo hace el autor, usando metáforas y comparaciones. Si no tienes ninguna mascota, puedes describir a alguien muy querido por ti.**

Dibuja aquí al animal o
la persona descrita

7. **¿Piensas que el tener animales es bueno para desarrollar algunos sentimientos positivos? ¿Crees que puede ayudar a superar otros negativos? ¿Cuáles? Coméntalo con tu compañero.**

1. Observa estas imágenes. ¿Sabes quiénes son? ¿Qué crees que tienen en común? Háblalo con tu compañero.

DAME VIDA

2. 🔊30 *Dame Vida* no es solo el título de una canción, representa todo un proyecto solidario. Escucha el diálogo entre Carlos y Abel y responde a las preguntas.

a. ¿Por qué no le gustan los conciertos a Carlos?

b. ¿Qué le molesta a Abel de los conciertos?

c. ¿Por qué le hace ilusión ir al concierto a Raquel?

d. ¿Para qué es el concierto?

e. ¿Cómo funciona el balón?

f. ¿Dónde se puede comprar?

g. ¿Quién lo ha inventado?

h. ¿Por qué Abel cree que es tan bueno el proyecto del balón?

i. ¿Qué desea Carlos en relación al proyecto y al cantante?

j. ¿Al final irá Carlos al concierto? ¿Por qué?

3. Completa los espacios con el verbo en su forma correspondiente.

a. *Dame vida* es una fundación que desea .... (recaudar) fondos para .... (ayudar) a los más necesitados.

b. Jessica Matthews y Julia Silverman son las creadoras del *soccket*, un balón con un acumulador de energía dentro para que .... (recargarse) con las patadas que se le dan.

c. Cuando la pelota .... (cargarse) de energía, esta se convertirá en horas de luz para las familias pobres.

d. *Dame Vida* quiere que cada hogar sin electricidad .... (tener) un balón con luz.

e. Huecco ha contactado con varios de los mejores deportistas del mundo para que .... (colaborar, ellos) en la grabación del *videoclip* de la canción.

f. Vicente del Bosque, seleccionador español de fútbol, ha declarado que le encanta .... (poder) colaborar en el vídeo y que cuando el cantante lo .... (llamar) para .... (participar) no lo dudó un momento.

g. Huecco ha declarado que quiere .... (dar) las gracias de corazón a todos los que han participado en el *videoclip*.

h. *Dame vida* quiere que la música .... (servir) para que los más jóvenes .... (practicar) deporte.

i. La fundación también espera que a través de la práctica del deporte .... (generarse) energía eléctrica limpia.

j. Huecco ha declarado que el deporte y la música son las energías más limpias y que este proyecto servirá para .... (llenar) de luz limpia el mundo.

4. Esta fundación también participa en otros dos proyectos sociales. Lee los fragmentos que te va a dar tu profesor y decide a cuál de los dos proyectos se refieren. Después, ponle un título a cada uno de los proyectos.

TÍTULO:

TÍTULO:

5. Vas a escuchar un programa de radio en el que su locutora habla sobre los tres proyectos en los que participa el cantante Huecco. Intenta identificar a quién pertenecen los testimonios que se mencionan y relaciónalos con su proyecto correspondiente.

Jessica Matthews
Proyecto:
....

Aganju
Proyecto:
....

Pau Gasol
Proyecto:
....

Yveline
Proyecto:
....

Juan
Proyecto:
....

6. Lee el testimonio de una chica que ha colaborado con un proyecto solidario y completa los espacios con las perífrasis y verbos de cambio en el tiempo adecuado.

acabar de ○ ponerse ○ seguir ○ llevar ○ ponerse a ○ dejar de ○ quedarse ○ volver a ○ empezar a

Todo empezó cuando recibí un correo electrónico en el que buscaban colaboradores para construir escuelas para niños pobres en Guatemala.

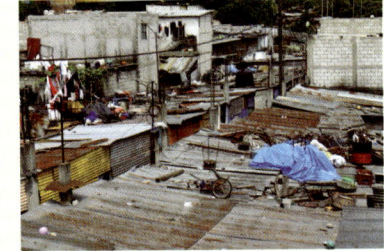

Al llegar allí ....1.......... muy impresionada de ver cómo aquella gente vivía con tan poco. Al principio fue muy duro, yo no estaba acostumbrada a ver tanta pobreza y cuando ....2.......... trabajar fue todavía peor,..........3.......... muy nerviosa porque había muchas cosas que no sabía hacer y me sentía inútil. ....4.......... llegar y ya quería hacer las maletas y regresar a España… Pero después, un compañero me tranquilizó diciéndome que era normal sentirse así al principio y que ellos también habían tenido que aprender, pero que mi trabajo era muy importante y que tenía que seguir adelante. Lo pensé mejor y ....5.......... trabajar sin preocuparme de si lo hacía bien o mal.

Desde que trabajé codo con codo con ellos me he vuelto más responsable y menos egoísta y ....6.......... preocuparme por cosas que en realidad no son importantes. Ya ....7.......... tres años colaborando con la organización y estoy deseando que llegue el verano para ....8.......... ir a Guatemala y ....9.......... ayudando a los niños de allí.

7. Seguro que tú también has colaborado alguna vez en una buena acción. Piensa en esa experiencia y escribe cómo fue y cómo te sentiste.

Contenidos funcionales

- Pedir y expresar opinión
- Pedir y expresar valoración
- Mostrar acuerdo o desacuerdo
- Expresiones para suavizar el desacuerdo

Contenidos gramaticales

- Conectores para organizar las ideas de un texto

Contenidos léxicos

- Léxico relacionado con Internet y la publicidad

Fonética y ortografía

- Siglas, acrónimos y abreviaturas

Contenidos culturales

- La publicidad en España

Relato

- Julio Cortázar, *Preámbulo a las instrucciones para dar cuerda al reloj*

¿Qué ves?

1. Fíjate en la imagen y habla con tu compañero.

- **a.** ¿Qué crees que están mirando los chicos?
- **b.** ¿Qué representa lo que ven?
- **c.** ¿Qué sensación les provoca?

2. Relaciona las frases con el personaje adecuado según la expresión de su cara.

1. Se ha puesto contento. ➡ ....
2. No le interesa, pero ve que es diferente. ➡ ....
3. Le da igual la imagen. ➡ ....
4. Le encanta el mensaje. ➡ ....
5. Lleva mirándola mucho tiempo, está asombrada. ➡ ....
6. Le molesta la novedad de la imagen. ➡ ....

3. Andrés habla de sus amigos y de él. Escribe en tu cuaderno frases completas.

A mí		encantan	la imagen.
A Nélida y a mí		pone nerviosas	que la gente deje de comprar.
A Germán	le	da miedo	que exista tanta publicidad.
A los cuatro	les	indigna	las novedades.
A Nélida	no me	impresiona	ver cosas diferentes.
A Nélida y a Silvia	nos	preocupa	que la gente gaste demasiado.
A Silvia		gusta	que no se entienda el mensaje.

Trabajamos con el diálogo

4. 🎧 32 **¿Qué te parece el cartel de _Adbusters_? Lee el diálogo y complétalo con las siguientes palabras. Después, escucha y comprueba.**

manipulación ○ _feminidad_ ○ _iconos_ ○ _anticonsumista_ ○ _virilidad_ ○ _ventanas emergentes_ ○ _machista_

Andrés: ¿Qué os parece el cartel de _Adbusters_? ¡Es una obra de arte!

Nélida: Yo creo que es increíble que esté en un centro comercial, ¿no os parece?

Germán: Pues yo no pienso que sea para tanto. Solo es más publicidad, ¿no?

Silvia: Es terrible que intenten confundirnos. ¿El cartel significa que no compremos? ¡Puf!... No lo entiendo y no me gusta. Por cierto, ¿qué es _Adbusters_?

A.: ¿¡No los conoces!? Es una organización ....1........ que ataca a los medios de comunicación. Su objetivo es utilizar la publicidad para criticar la ....2........ que esta hace sobre la sociedad. También tienen una revista.

S.: Bueno, en mi opinión, la publicidad trata de informar a un público objetivo sobre lo que hay.

N.: Sí, estoy de acuerdo con que trata de informar; pero para cambiar nuestras opiniones y deseos, ¡claro!

A.: Por supuesto, la publicidad lleva muchos años vendiéndonos el mensaje de la juventud, de la salud, de la ....3........, de la ....4........... La imagen siempre es la misma: jóvenes, ricos y guapos.

G.: Lo que quiere, desde luego, es provocar. Y tienes razón, a veces incorrectamente, y es racista, sexista, e incluso ....5........

N.: ¡Y que lo digas! ¿Y qué pasa con la protección de la juventud, con el derecho a la intimidad, y con el respeto?

S.: ¡Claro, claro! ¿Y con la libertad de expresión? Pero, vale, está claro que debe haber límites. En cualquier caso, creo que la gente no le hace tanto caso a la publicidad, hay demasiada: en la calle, en la tele, en los periódicos, en las revistas, en Internet…

A.: ¡Uf! Sí, es ridículo que las redes sociales estén tan llenas de anuncios, no es lo que vas a ver allí. Me preocupa que utilicen nuestra información personal para vender. Y en muchas páginas te atacan las ....6........ que se te abren todo el tiempo.

S.: Pues, a mi modo de ver, no pienso que toda sea mala y, como has dicho antes, es arte, creación… Son ....7........ de nuestra cultura, por ejemplo, mira algunas obras de Andy Warhol.

G.: En eso todos estamos de acuerdo, siempre hay cosas bien hechas.

5. **Busca en el texto un sinónimo de estas palabras.**

a. _Pop up_ ➡ ....
b. Masculinidad, valor, fortaleza ➡ ....
c. Imagen, modelo ➡ ....
d. Femineidad, delicadeza, ternura ➡ ....
e. Cambio que se hace para conseguir algo ➡ ....
f. Prepotencia de hombres sobre mujeres ➡ ....
g. En contra de la compra innecesaria ➡ ....

6. **Contesta las siguientes preguntas.**

a. ¿Qué es _Adbusters_? ....
b. ¿Qué piensa Silvia de la publicidad? ....
c. ¿Están de acuerdo sus amigos con ella? ....

EXTENSIÓN DIGITAL Practica lo que has aprendido con el material interactivo extra.

Hablar por hablar

> OPINAR

■ Para **pedir opinión** usamos:

- *¿**Qué piensas/crees/opinas de/sobre** las compras por Internet?*
- *¿**(A ti) qué te parece** el blog del que nos habló Carlos?*
- *En **tu opinión/Desde tu punto de vista/Según tú**, ¿cuál es el anuncio más inteligente?*

■ Para **dar opinión** usamos:

- *En **mi opinión/Desde mi punto de vista,** el blog (no) es muy interesante.*
- *Creo/**Pienso/Opino/Me parece que** el logo de una marca (no) es muy importante.*
- *No **creo/pienso/me parece que** el logo sea tan importante como la calidad de sus productos.*

1. Estas tres imágenes pertenecen a campañas publicitarias. Desde tu punto de vista, ¿cuál es la más original? ¿Y la menos? Habla con tu compañero. ¿Opináis lo mismo?

Creo que el mejor anuncio es el del centro porque el mensaje que transmite es claro y directo.

No creo que el primero sea un buen anuncio porque el mensaje que transmite es confuso y...

2. Completa el siguiente cuadro con ayuda de tu profesor.

> MOSTRAR ACUERDO Y DESACUERDO CON UNA OPINIÓN

- **(No) estoy a favor de**
- **(No) estoy en contra de**
- **(No) estoy (del todo) de acuerdo con**

] todo *tipo* de anuncios. (nombre)
ser manipulado por la publicidad. (mismo sujeto)
que nos *hagan* encuestas. (sujetos diferentes)

■ Otras formas para:

expresar acuerdo	expresar desacuerdo	suavizar el desacuerdo

3. Habla con tu compañero sobre los siguientes temas, ¿estáis o no estáis de acuerdo?

a. *Facebook* a cambio de nuestra privacidad.

b. Las descargas gratuitas y la piratería contra los derechos de autor.

c. El poder adictivo de los ordenadores, Internet o los videojuegos.

d. El peligro de chatear con extraños o colgar nuestras fotos en Internet.

> **VALORAR**

■ Para **pedir valoración** usamos:

- ¿**Te parece bien** poder <u>usar</u> buscadores para hacer trabajos de clase?
- ¿**Te parece mal** <u>el sueldo</u> de un publicista?
- ¿**Te parece una tontería que** los publicistas <u>ganen</u> mucho dinero?

■ Para **valorar** usamos:

- **Me parece**
- **Es**

[
(parecer) bien/mal
(ser) bueno/malo
triste/increíble/cómico/justo/
ridículo/exagerado/preocupante…
una tontería/una vergüenza…
] **que** <u>haya</u> tanta publicidad en Internet.

- **Está claro**
- **Es obvio/verdad**

[**que** la publicidad <u>es</u> creación.

- **¡Qué bien/interesante**

[
este <u>anuncio</u>!
<u>poder</u> compartir tanta información a través de Facebook!
que nuestro instituto <u>tenga</u> una página web!

> **Ver** *Apéndice gramatical*, **pág. 122**

4. Tu profesor os repartirá algunas imágenes. Muéstraselas a tu compañero preguntándole qué valoración hace sobre ellas. Después, contéstale a las suyas.

5. Completa los diálogos con las formas correctas de los verbos. Luego escucha y comprueba.

a.
▶ Me encanta el anuncio del perfume *FreeMan*.
▶ Es increíble que tú (decir) ....1................ eso. Hace unos días le decías a Elena que odiabas las marcas y mencionaste precisamente *FreeMan*.
▶ Bueno, lo que pasa es que Elena me gusta un montón…
▶ No, si está claro que tú por Elena (hacer) ....2................ lo que sea, pero me parece un poco triste que (tener) ....3................ que mentir para impresionarla.

b.
▶ Me parece fatal que en la publicidad (mostrarse) ....4................ una imagen tan poco real de los jóvenes: todos frívolos y de fiesta continua.
▶ Tienes razón, y… ¡¿qué me dices de las chicas?! Es ridículo que nos (reducir) ....5................ a una cara o a un cuerpo. Y casi siempre anoréxico. ¡Qué triste!
▶ ¡Y que lo digas! ¿A quién le gusta eso?
▶ Pues no lo sé, la verdad, pero es preocupante que nadie (hacer) ....6................ nada por cambiarlo, es una mala influencia para los más jóvenes.

6. Contesta estas preguntas. Después habla con tu compañero, ¿estáis de acuerdo?

a. ¿Qué aspectos positivos y negativos piensas que tiene la publicidad?
b. ¿Te parece que la imagen que da de los jóvenes es real?
c. Según tu opinión, ¿cuándo la publicidad es necesaria?

Practica lo que has aprendido con el material interactivo extra.

Paso a paso

1. Lee el siguiente texto y completa el cuadro con los conectores correspondientes.

En los medios de comunicación, por la calle, en gigantescos anuncios o de formas más novedosas, muchos rostros conocidos se asoman a la publicidad para aumentar sus beneficios.

Por un lado están los deportistas, con un espacio muy importante. Y, sin duda, son los que más dinero generan para las marcas, que se pelean por contar con ellos. Por ejemplo: Cristiano Ronaldo, Messi, Pau Gasol o Rafa Nadal.

Por otro (lado) actrices y modelos. Y es que nadie escapa de la tentación de conseguir dinero extra si su ocupación profesional no pasa por su mejor momento. Sobre eso tendría mucho que contarnos Andie McDowell, que lleva un tiempo alejada de las carteleras y ya es un clásico de los anuncios de cosméticos y productos de belleza. Algo parecido ocurre con Claudia Schiffer.

También han prestado su imagen para anunciar todo tipo de productos desde cantantes hasta humoristas, presentadores, antiguas celebridades o hijos de famosos, como es el caso en España de Enrique Iglesias.

Asimismo, podemos recordar grandes personajes que también sucumbieron a la publicidad. Como Mijaíl Gorbachov, que llegó a hacer una campaña para una conocida marca de comida rápida norteamericana, o Sarah Ferguson, que también tuvo sus momentos publicitarios hace ya unos años. Y es que el dinero que mueve la publicidad es muy goloso.

Adaptado de www.noticiasterra.es

> CONECTORES PARA ORGANIZAR LAS IDEAS DE UN TEXTO

■ Para **distinguir** dos argumentos:
> La juventud es muy crítica. **En primer lugar** no acepta cualquier cosa y **en segundo lugar** busca lo que quiere.

■ Para **oponer** dos argumentos:
> Comer bien es importante. .... es necesario, ... un placer.

■ Para **añadir** argumentos:
> ..../además/............................../.....................................…
> La creatividad está presente en la publicidad, **además** de la originalidad, por supuesto.

■ Para **ejemplificar** y **explicar**:
> ....…/es decir/o sea…
> El alto nivel de competencia hace necesario invertir en publicidad, **es decir**, hay muchos productos buenos y similares en el mercado, pero algo te hace elegir uno.

■ Para **aludir a un tema** ya planteado:
> **(Con) respecto a (eso de/eso)/**.....................................…
> **Con respecto a eso** que has dicho antes, siento no estar totalmente de acuerdo contigo.

2. Escribe en tu cuaderno un texto en el que hables de los famosos de tu país que hacen publicidad. Para organizar tus ideas, utiliza alguno de los conectores anteriores y la ficha que te va a dar tu profesor.

OTROS CONECTORES

■ Para **añadir razones** en un orden de fuerza creciente:

incluso

*María trabaja todos los días, **incluso** los domingos.*

■ Para **contraponer** razones:

bueno	no obstante
pero	en cambio
sin embargo	

*El rojo es mi color preferido, **sin embargo** nunca llevo ropa de ese color.*

■ Para expresar **consecuencia**:

así que	de ahí que
de modo que	así pues
de manera que	pues

*Me encantan las películas, **así que** voy al cine siempre que puedo.*

■ Para sacar **conclusiones**:

entonces	en resumen
total que	en conclusión
por lo tanto	para terminar

*Fuimos a la montaña sin botas ni ropa adecuada, **total que** pasamos muchísimo frío.*

---

3. 🎧34 **Escucha la gran experiencia que han vivido algunos jóvenes de México D.F., participando en la campaña publicitaria de una conocida marca de deportivas, y ordena las siguientes frases que resumen las ideas principales. Después, complétalas con el conector correcto.**

Foro

www.foro_opinion.es

☐ **a.** La clave del éxito de esta campaña fue, ..., el volverse parte de la vida del consumidor y *Nike* llegó hasta sus propias casas.

☐ **b.** Se consiguieron más de 4000 jóvenes, ... había que implicarlos en el proyecto, ... se crearon las mascotas que representaban a los diferentes barrios de la ciudad. .... aparecieron como grafiti y estaban dibujadas sobre los bancos y en las estaciones de autobuses de todo México.

☐ **c.** La campaña de las famosas zapatillas utilizó mercadotecnia de calle .... de una campaña en redes sociales para conseguir el éxito.

☐ **d.** Se empezó con un vídeo que se subió a *Youtube* donde chicos de la ciudad jugaban al fútbol en la calle, ... un chico hablaba y decía: "El fútbol es diversión, juegues donde juegues".

☐ **e.** La idea era organizar un torneo de fútbol con jóvenes del México D.F., ... hubo una convocatoria en la página *Facebook* de *Nike* que tiene 811 000 seguidores allí.

---

4. **Continúa las siguientes frases de manera lógica.**

a. Las redes sociales llegan a muchísimas personas en cualquier país, **así que** ....

b. Toda la información es muy accesible con Internet. **Total que** ....

c. En los anuncios la música atrae la atención, **pero** ....

d. El tiempo que dura un anuncio cuesta muy caro, **de modo que** ....

e. Los protagonistas de los anuncios son modelos perfectos, **en cambio** ....

f. Me gustaría participar en un anuncio, **incluso** ....

EXTENSIÓN DIGITAL

Practica lo que has aprendido con el material interactivo extra.

Palabra por palabra

1. Lee la definición de los diferentes términos de Internet y relaciónalos con su imagen.

1. Usuario: persona que utiliza en un ordenador cualquier sistema informático.

2. *Banner* o **banderola**: formato publicitario en Internet que consiste en incluir una pieza publicitaria dentro de una **página web**.

3. Logo: representación de una empresa u organización. Puede tener letras e imagen.

4. Buscador: **sitios** especializados para facilitar la búsqueda de información entre los millones de páginas web existentes.

5. Portal o **web portal**: sitio que sirve para ofrecer acceso a una serie de recursos y de servicios relacionados con un mismo tema. Puede incluir: enlaces, buscadores, **foros**, documentos, aplicaciones, compra electrónica…

6. Botón: permite al usuario comenzar una acción, como buscar, aceptar una tarea, interactuar…

7. Enlace: conexión de una página web con otra mediante una palabra que representa una dirección de Internet. Generalmente está subrayado y es azul. También sirve para la **descarga** de **ficheros**, abrir **ventanas**, etc.

2. Completa las frases con las palabras del ejercicio anterior.

a. Mi nombre de .... en *facebook* no es mi nombre real. Es necesario proteger la intimidad.

b. Cuando hago un trabajo de investigación, voy a un .... para encontrar lo que necesito.

c. Los .... que encuentro en un artículo del periódico en Internet me dan más información relacionada con la noticia.

d. En la web de mi marca favorita de pantalones el .... de compra es siempre una tentación para mí.

e. Me encantan los diseños de los .... de algunas compañías, dan muy buena imagen.

f. La sofisticación de algunos .... me impresiona, pero también me molesta que aparezcan cuando solo quiero escribir un correo electrónico.

g. La .... de mi instituto tiene mucha información útil para los alumnos y es muy fácil de usar.

3.  Escucha el artículo sobre la publicidad en Internet y elige la opción correcta que explica el significado de estos otros términos utilizados en la Red.

1. Entrar y hacer clic en los enlaces de las páginas web significa:

   a. dinero y publicidad.
   b. que aceptas pagar tú el uso de la página.
   c. ver la información sin ninguna consecuencia económica para los propietarios de la web.

2. Un segundo sistema de publicidad son los anuncios de textos que consisten en:

   a. un botón para comprar el producto.
   b. un pequeño recuadro, con un título del producto o empresa, un texto corto de descripción, y la dirección web con enlace a la página.
   c. Un amplio catálogo de productos o servicios disponibles para comprar.

3. Un blog (bitácora) en Internet es:

   a. un sitio en el que un autor o autores publican artículos de su interés. Es posible hablar de temas muy variados. Se incluye publicidad en ellos.
   b. una página web exclusivamente publicitaria.
   c. algo parecido a un chat para presentar temas de interés.

4. El tema del mes de la web del instituto es la publicidad en Internet. Por eso han creado un foro para conocer la opinión de los alumnos. Entra en él y danos tu opinión.

Foro del instituto

www.foro_instituto.es

El foro del Instituto

1. Elige un título para el artículo que has escuchado. Escribe y justifica tu respuesta.

   a. La publicidad e Internet, una pareja sólida.
   b. Internet es la mejor herramienta para la publicidad.
   c. ¿Cómo se hace la publicidad en Internet?

   ....
   ....

2. ¿Qué opinas de la publicidad en Internet? ¿Cuáles son sus ventajas y desventajas? Escribe y justifica tu respuesta.

   ....
   ....
   ....
   ....
   ....

---

5. ¿Cómo crees que será en el futuro la publicidad? ¿Cuáles serán sus canales para llegar a los posibles consumidores? Habla con tu compañero.

EXTENSIÓN DIGITAL

Practica lo que has aprendido con el material interactivo extra.

Siglas y acrónimos

■ Una **sigla** es una palabra formada por el conjunto de letras iniciales de una expresión compleja. Se utilizan para referirse de forma abreviada a organismos, instituciones, empresas, etc.
Hay siglas que se deletrean: DNI [dé-éne-í], PC [pé-cé], GPS [gé-pé-ése].
Su plural es invariable: las ONG.

■ Hay siglas que pueden leerse como palabras y que reciben el nombre de **acrónimos**: ONU, OTAN, ovni…
En este caso, si su primera letra es un nombre propio, se escribe con mayúscula inicial: Unesco, Insalud; si es un nombre común, con minúsculas y según las reglas de acentuación: uci, radar, sida, láser, módem.

■ Las siglas y los acrónimos adoptan el género de la palabra inicial:
la ONG (organización no gubernamental).

Abreviaturas

■ Una **abreviatura** es la representación reducida de una palabra o grupo de palabras y se cierra con un punto. Al leerlas, leemos la palabra entera: **etc.** (etcétera); **Dña.** (doña); **dcha.** (derecha); **pág.** (página), **Ud.** (usted); **2.º** (segundo); **C.P.** (Código postal). Pueden llevar tilde y formar plural, con una **–s**: **págs.** (páginas), o bien repitiendo la letra cuando provienen de palabras plurales: **EE. UU.** (Estados Unidos).

1.  **Lee y escucha. ¿Sabes qué significan?**

CC. OO. ○ Adena ○ ADN ○ Ave ○ VV. AA. ○ Boe ○ CD ○ ESO ○ FIFA ○ pyme ○ n.º
vip ○ Sr. ○ IES ○ láser ○ JJ. OO. ○ NBA ○ GPS ○ DVD

2. Clasifica las palabras anteriores en abreviaturas, acrónimos o siglas.

Abreviaturas	Acrónimos	Siglas

3. Ahora, relaciónalas con su significado.

1. VV. AA. •   • **a.** Unión Europea.
2. ESO •   • **b.** Varios Autores.
3. FIFA •   • **c.** Pequeña y Mediana Empresa.
4. pyme •   • **d.** Juegos Olímpicos.
5. IES •   • **e.** Boletín Oficial del Estado.
6. JJ. OO. •   • **f.** Instituto de Educación Secundaria.
7. UE •   • **g.** Enseñanza Secundaria Obligatoria.
8. Boe •   • **h.** Federación Internacional de Fútbol Asociación.

4. **Dictado.**

EXTENSIÓN DIGITAL

Practica lo que has aprendido con el material interactivo extra.

Prueba de gramática y vocabulario

1. ¿En qué situación se pueden decir las siguientes frases? Selecciona la opción correcta.

1. Alberto, no es bueno que pierdas tanto tiempo con la tele.

   a. No te parece bien que Alberto vea mucho tiempo la tele.
   b. No te importa que Alberto vea mucho tiempo la tele.
   c. Crees que Alberto ve poco tiempo la tele.

2. De segundo, me gustaría tomar pollo asado con ensalada.

   a. En un supermercado.
   b. En un restaurante.
   c. En el cine.

3. Es obvio que el atleta ganará la Copa del Rey.

   a. Estás convencido de la victoria del atleta.
   b. Crees que el atleta no llegará a la final.
   c. Estás seguro de que el atleta participará en la Copa del Rey.

4. He comprado un billete de lotería, sin embargo creo que he perdido el dinero.

   a. Sé que voy a ganar el primer premio.
   b. He perdido el dinero cuando iba a comprar el billete.
   c. No creo que vaya a ganar ningún premio.

5. He encontrado el carné, de modo que puedo ir a la disco esta noche.

   a. Tienes carné pero no puedes entrar en la disco.
   b. No podías ir a la disco pero ahora ya sí.
   c. No tienes edad para ir a la disco aún.

6. Dime si estás de acuerdo o no.

   a. Pides un deseo.
   b. Pides una acción física.
   c. Pides una opinión.

2. En las siguientes frases tienes una palabra que no es adecuada. Sustitúyela por alguna de las palabras que aparecen debajo de cada frase.

1. Creo que beber en botella de plástico no **es** bien.

   a. funciona   **b.** está   **c.** sea   **d.** bebe   **e.** sepa

2. **¡Anda ya!** Yo también creo que el domingo es el mejor día de la semana.

   a. ¿Seguro?   **b.** Desde luego   **c.** Me parece   **d.** No estoy de acuerdo   **e.** ¿Pero cómo dices?

3. En **el cartel** de perfumes se escucha mi música preferida.

   a. el foro   **b.** el enlace   **c.** el anuncio   **d.** la web   **e.** el blog

4. No me parece que estudiar **es** lo más aburrido que puedes hacer.

   a. fue   **b.** era   **c.** eres   **d.** sea   **e.** sería

5. He trabajado muy duro mucho tiempo, **si** ahora tengo un buen trabajo.

   a. por lo tanto   **b.** sí   **c.** porque   **d.** desde   **e.** como

6. **Es** claro que mentir no ayuda mucho en ninguna situación.

   a. Era   **b.** Iba   **c.** Solía   **d.** Parece   **e.** Está

7. - La clase de lengua de hoy ha sido muy divertida.
   - **¡Qué va!** Nunca me había reído tanto.

   a. ¡En absoluto!   **b.** No.   **c.** ¡Y que lo digas!   **d.** ¡También!   **e.** ¡Para nada!

La publicidad en España

1. Observa estos anuncios publicitarios españoles. Relaciona cada uno con la década a la que crees que pertenece.

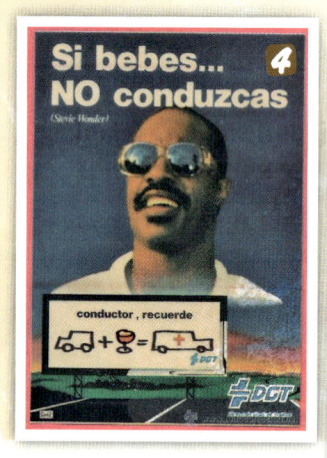

a. 1940 ➡ ....

b. 1950 ➡ ....

c. 1960 ➡ ....

d. 1970 ➡ ....

e. 1980 ➡ ....

f. 1990 ➡ ....

g. 2000 ➡ ....

2. Habla con tu compañero y di qué características de las imágenes te han ayudado a decidir: los personajes, el mensaje, la forma de vida y el texto.

3. Para comprobar tu respuesta, relaciona cada imagen con los siguientes textos sobre la publicidad en España.

☐ En la actualidad, en España como en el resto del mundo, no puedes abrir ninguna página en Internet en la que no aparezcan mensajes publicitarios; cualquier buscador, tu correo electrónico, redes sociales… Son sofisticados, clásicos, nacionales, internacionales… En cualquier caso, a los jóvenes usuarios nada les sorprende porque hay tanta publicidad a su alrededor que han dejado de verla.

☐ En los 60 se generalizan los electrodomésticos que mejoran el nivel de vida. Comienzan a aplicarse las técnicas de *marketing* norteamericano y con Eurovisión la televisión española se conecta, por fin, con el mundo.

☐ En los años 90, con la nueva ley, se entablaron amplias discusiones sobre la ética publicitaria, sobre qué se podía mostrar y hasta dónde se podía llegar. De esta década recordaremos los polémicos anuncios de una marca de ropa, se habla de racismo, sexismo, exceso de sexo… Productos como el tabaco y el alcohol, antes tan aceptados, sufrieron un acoso sin precedentes, también se prohibieron en las vallas publicitarias. Aparece Internet, también en España.
Cambian las estrategias publicitarias. En estos momentos ya no le dan importancia a convencer directamente al consumidor con las características del producto, sino que lo hacen de forma indirecta, con metáforas o la imagen de este. También se apoyan en elementos novedosos, como efectos especiales o situaciones fantásticas. La música actual y moderna, los colores llamativos, los personajes y las situaciones ideales van dirigidos a la emoción del consumidor para convencerle de que compre el producto.

☐ En los años 50 predominaban los anuncios de objetos: alimentos, perfumería y baño o licores como el coñac o el anís. Se bebió durante muchas décadas el famoso "sol y sombra" (anís y coñac) que ponía en funcionamiento al país. Los canales que se utilizaban eran carteles, prensa y radio.

☐ Los 70 estarán caracterizados por mensajes más enfocados al ocio y el bienestar, es decir, coches, cámaras de fotos, teléfonos, refrescos que se beben en playas en vacaciones…

☐ En los años 40 se utilizaba básicamente la publicidad como propaganda del régimen político que existía en España, la dictadura franquista: el país unido a través de la familia y el trabajo duro. Existía la censura, que duró, de hecho, hasta 1976.

☐ Es a partir de la década de los 80 cuando la publicidad se convertirá en un instrumento capaz de generar y cambiar comportamientos. En estos años empezarán a verse las primeras campañas políticas e institucionales (por ejemplo, no conducir si bebes alcohol). Había llegado la Democracia. La década viene marcada por la derogación del estatuto de publicidad de 1964, ya obsoleto, a favor de la *Ley General de la Publicidad* de 1988.

4. En grupos, participaréis en un debate en el que tendréis que defender vuestra postura sobre el tema: *La ética en la publicidad*. Seguid las instrucciones que os va a dar vuestro profesor.

Grupo A

La anormalidad para provocar: "Derecho a la libertad de expresión".

Grupo B

No todo es posible: "Derecho a la intimidad, a la protección de la juventud, a la igualdad".

5. Busca información en Internet acerca de la historia de la publicidad en tu país y escribe un artículo sobre ello.

 Practica lo que has aprendido con el material interactivo extra.

¡Me lo sé!

Opinar

1. **Pon el verbo entre paréntesis en la forma correcta.**

a. Me parece que las escenas en los anuncios .... (deber) ser variadas y dinámicas.

b. No pienso que los jóvenes .... (dejarse) influir tanto por la publicidad.

c. No creo que los niños .... (pedir) los productos que ven en la televisión.

d. Opino que los consumidores .... (desarrollar) un espíritu crítico ante tanta información.

e. Desde mi punto de vista, las asociaciones anticonsumo .... (hacer) un buen trabajo en la sociedad.

f. No me parece bien que todos .... (ir) con la misma ropa y las mismas deportivas.

Valorar
......../6

2. **Completa las frases.**

> *Es obvio que* ○ *Está claro que* ○ *Es increíble que*
> *Es una tontería que* ○ *No es verdad que* ○ *No es ridículo que*

a. .... los padres vigilen cuántas horas de televisión ven sus hijos pequeños.

b. .... los anuncios sean sinceros.

c. .... las personas crean que un perfume las hará perfectas.

d. .... no sepamos elegir por nosotros mismos.

e. .... los medios de comunicación tienen un gran poder sobre la sociedad.

f. .... la publicidad en Internet es muy barata para las empresas.

Mostrar acuerdo y desacuerdo
......../8

3. **Muestra acuerdo o desacuerdo ante las siguientes opiniones.**

a. En verano somos más influenciables por la publicidad porque queremos tener unas buenas vacaciones. ➡ ....

b. En la actualidad, hay poca publicidad y por eso todos la siguen con mucha atención.
➡ ....

c. En las redes sociales hay mucha publicidad porque los jóvenes las visitan con mucha frecuencia.
➡ ....

d. La fotografía y el diseño gráfico no son arte. ➡ ....

4. **Completa los siguientes diálogos con una reacción a favor o en contra.**

a. ▶ Es ridículo que el cine sea tan caro, me gustaría ir más.
▶ ¡................................! A mí también me gustaría.

b. ▶ Creo que hay fiestas solo comerciales, como san Valentín.
▶ ¡................................¡ Es la fiesta del amor y el romanticismo.

c. ▶ Es impresionante que compres tantos libros digitales. A mí me gustan en papel.
▶ ¡................................¡ Es mucho mejor en papel, pero pesan y ocupan más.

d. ▶ Me he comprado el último CD de Pereza. ¡Estoy muy contento!
▶ ¡................................¡ Eres un antiguo. Yo lo llevo en mi PDA.

Conectores para organizar las ideas de un texto

......../6

5. Relaciona los elementos de las dos columnas.

1. El fútbol es un gran deporte. Sin embargo,… •
2. La fotografía en el cine es fundamental. Por ejemplo,… •
3. Los jóvenes no ven la publicidad, incluso… •
4. Pienso que seré seleccionado para el anuncio de *Axo*, en la última entrevista que hice les gusté mucho. Además,… •
5. El gasto de las compañías en publicidad es muy alto. Total que… •
6. Por un lado los anuncios me divierten por su fantasía, pero por otro lado… •

• **a.** yo diría que no les interesa.
• **b.** sus productos son muy caros.
• **c.** no es el único.
• **d.** me aburre que haya tantos.
• **e.** había muy poca gente.
• **f.** en *Memorias de África* es impresionante, ¿la recuerdas?

Internet y la publicidad

......../6

6. Completa el texto con las siguientes palabras.

> botón ○ enlace ○ texto publicitario ○ usuario ○ web portal ○ logo

Mi instituto ha creado una ...., que es un sitio en Internet que sirve para que podamos acceder a recursos y servicios relacionados con el instituto. Puede incluir: enlaces, buscadores, foros, documentos, aplicaciones, compra electrónica... Así, el ...., es decir, la persona que utiliza la web portal, podrá acceder a la web y buscar información solo pinchando un .... Además, podremos conectar con otras páginas web, descargar ficheros o abrir ventanas a través de lo que se llama .... Por suerte, no tendremos que sufrir los continuos anuncios, porque no está permitido incluir ningún .... Lo que no me gusta mucho de la página es el ...., vamos, la combinación de letras e imagen que representa al instituto.

Siglas, acrónimos y abreviaturas

......../6

7. Escribe la sigla, acrónimo o abreviatura correspondiente.

a. Documento Nacional de Identidad. ➡ ....
b. Enseñanza Secundaria Obligatoria. ➡ ....
c. Federación Internacional de Fútbol Asociación. ➡ ....
d. Estados Unidos. ➡ ....
e. Tercero izquierda. ➡ ....
f. Juegos Olímpicos. ➡ ....

La publicidad en España

......../4

8. Contesta las siguientes preguntas.

a. Características de la publicidad en España en los años 40.
b. ¿Cómo evolucionó la publicidad de los 50 a los 70?
c. .¿Qué destacarías de la publicidad de la década de los 80?
d. ¿Cómo es la publicidad en la actualidad?

Practica lo que has aprendido con el material interactivo extra.

Érase una vez...

1. Observa estos objetos y escribe qué representan para ti, qué emociones, sensaciones o recuerdos asocias a ellos.

....
....
....
....
....

2. Piensa en estos objetos y habla con tu compañero.

¿Cuál usas con más frecuencia?   ¿Cuál es el más indispensable para ti?

¿Imaginas tu vida sin él?   ¿Cómo la cambiaría?

3. Imagínate que trabajas para una agencia publicitaria y encuentras este texto literario. Léelo y después habla con tu compañero. ¿Cómo puedes utilizarlo en un anuncio?

Preámbulo a las instrucciones para dar cuerda al reloj

Piensa en esto: cuando te regalan un reloj te regalan un pequeño infierno florido, una cadena de rosas, un calabozo de aire. No te dan solamente el reloj, que los cumplas muy felices y esperamos que te dure porque es de buena marca, suizo con áncora de rubíes; no te regalan solamente ese menudo picapedrero que te atarás a la muñeca y pasearás contigo. Te regalan –no lo saben, lo terrible es que no lo saben–, te regalan un nuevo pedazo frágil y precario de ti mismo, algo que es tuyo pero no es tu cuerpo, que hay que atar a tu cuerpo con su correa como un bracito desesperado colgándose de tu muñeca. Te regalan la necesidad de darle cuerda todos los días, la obligación de darle cuerda para que siga siendo un reloj; te regalan la obsesión de atender a la hora exacta en las vitrinas de las joyerías, en el anuncio por la radio, en el servicio telefónico. Te regalan el miedo de perderlo, de que te lo roben, de que se te caiga al suelo y se rompa. Te regalan su marca, y la seguridad de que es una marca mejor que las otras, te regalan la tendencia de comparar tu reloj con los demás relojes.

No te regalan un reloj, tú eres el regalado, a ti te ofrecen para el cumpleaños del reloj.

4. El texto anterior pertenece a *Historias de cronopios y de famas* (1962), escrito por Julio Cortázar. Lee la siguiente información sobre el autor y su obra y busca en el texto una palabra o expresión que signifique lo mismo.

a. Obra que narra las vivencias personales del autor. ➡ ....

b. Los hechos que se narran no siguen un orden cronológico. ➡ ....

c. La obra del autor que más se ha vendido. ➡ ....

d. Composición de carácter poético no escrita en verso. ➡ ....

Nació en Bélgica, el 26 de agosto de 1914 y murió en Francia el 12 de febrero de1984. Fue un escritor, traductor e intelectual argentino nacionalizado francés.

Se le considera uno de los autores más innovadores y originales de su tiempo. Maestro del relato corto, la prosa poética y la narración breve en general, por ejemplo, destaca su obra autobiográfica *Bestiario*. Fue creador de importantes novelas que inauguraron una nueva forma de hacer literatura en el mundo hispano, rompiendo los moldes clásicos: no existe la linealidad temporal y los personajes tienen autonomía y una profundidad psicológica. Debido a que los contenidos de su obra están en la frontera entre lo real y lo fantástico, se le suele relacionar con el surrealismo. Su mayor éxito editorial, *Rayuela*, la cual le valió el reconocimiento de ser parte del boom latinoamericano, se convirtió en un clásico de la literatura argentina. También escribió teatro y poesía. Vivió buena parte de su vida en París, pero también en Argentina, España y Suiza.

5. **Mira atentamente el anuncio publicitario que te va a mostrar tu profesor y responde a las preguntas.**

a. ¿Qué texto acompaña al anuncio?

b. ¿Cuál es el eslogan?

c. ¿Qué te sugiere? ¿Qué ideas quiere trasmitir?

6. **Piensa en un objeto especial para ti y escribe un texto similar al de Cortázar con las emociones y sensaciones que te produce.**

Piensa en esto:

Cuando te regalan ....
Te regalan un ....
No te dan solamente ....
No te regalan solamente ....
Te regalan ....
Te regalan la necesidad de ....
Te regalan la obsesión de ....
Te regalan el miedo de ....
Te regalan su marca y la seguridad de que ....
Te regalan la tendencia de ....
No te regalan un ....
Tú eres el regalado. A ti te regalan para el cumpleaños del ....

7. **Ya tienes el texto de tu anuncio. Piensa en tu eslogan, en las imágenes que pondrías y en la música. Escríbelo en tu cuaderno y después preséntalo a la clase.**

8. **Habla con tu compañero sobre el anuncio publicitario que más te ha llamado la atención: ¿dónde lo has visto?, ¿por qué te ha impresionando?**

¿Sueño o realidad?

Contenidos funcionales

- Transmitir información dicha por otros
- Expresar probabilidad o hipótesis en pasado, presente y futuro

Contenidos gramaticales

- Verbos y expresiones para expresar hipótesis o probabilidades

Contenidos léxicos

- Cartas formales y teléfonos móviles
- Correos electrónicos
- Léxico relacionado con los sueños

Fonética y ortografía

- La diéresis
- Palabras con distinto valor

Contenidos culturales

- Los corrales de comedia

Relato

- Calderón de la Barca, *La vida es sueño*

¿Qué ves?

1. Fíjate en la imagen y habla con tu compañero.

a. ¿Dónde están los personajes?
b. ¿Cuál de los dos libros piensas que es más adecuado para un chico de tu edad?
c. ¿Cuál comprarías tú?
d. ¿Cuál es el último libro que has comprado o leído?

2. En la imagen aparecen las portadas de dos libros. ¿Puedes imaginar a cuál corresponde cada información?

	El Quijote	Mafalda
a. Es del año 1964.	☐	☐
b. Es del año 1605.	☐	☐
c. Su autor es Cervantes.	☐	☐
d. Su autor es Quino.	☐	☐
e. Otros personajes que aparecen son Felipe, Miguelito y Susanita.	☐	☐
f. Otros personajes que aparecen son Dulcinea, Sancho y Rocinante.	☐	☐
g. Es de origen español.	☐	☐
h. Es de origen argentino.	☐	☐

Trabajamos con el diálogo

3. **38** **Escucha y contesta verdadero o falso.**

	V	F
a. Daniel quiere comprar dos libros.	☐	☐
b. Felipe lee solo novelas modernas.	☐	☐
c. Daniel disfrutaba mucho con los tebeos de Mafalda cuando era pequeño.	☐	☐
d. A Juan el tebeo no le parece un buen regalo.	☐	☐
e. Juan ya tiene regalo para Felipe.	☐	☐

4. **Lee el diálogo y comprueba tus respuestas.**

Daniel: No sé qué libro comprarle a Felipe para su cumpleaños, ¡estoy hecho un lío!

José: La verdad es que es bastante complicado, tienes razón.

D.: Creo que finalmente voy a regalarle uno de estos dos, pero no sé por cuál decidirme. Son muy diferentes.

J.: Me parece que a Felipe le gusta leer novelas. Pero quizás no le guste el *Quijote*, es un poco antiguo para él.

D.: Es verdad que es un poco antiguo, pero Felipe lee toda clase de libros. En su casa tiene una colección enorme de novelas de todas las épocas. Es increíble que a un chico de 17 años le guste tanto leer.

J.: ¿Y sabes si también lee tebeos? A lo mejor el libro de Mafalda es un poquito infantil.

D.: ¿Infantil? Todo lo contrario. En mi opinión deberían leerlo los adultos, es un poco filosófico. En estas historietas aparece una niña preocupada por la paz del mundo y por la humanidad. Yo, cuando era pequeño, tenía un montón de tebeos de Mafalda, pero no los entendí del todo hasta que no fui adulto.

J.: Pues quizás sea esa una buena opción. Me parece que es más atractivo y más original como regalo.

D.: Pues ya está decidido. ¡Me lo llevo! Le voy a decir al dependiente que me lo envuelva. Oye, ¿y tú qué le vas a comprar?

J.: Ni idea, voy a darme una vuelta por aquí a ver si encuentro algo.

5. **¿Te gusta leer tebeos? Aquí tienes los nombres de algunos tebeos españoles. Relaciónalos con sus protagonistas.**

Detectives ○ Superhéroe ○ Niños revoltosos ○ Trabajador de una editorial

1

2

3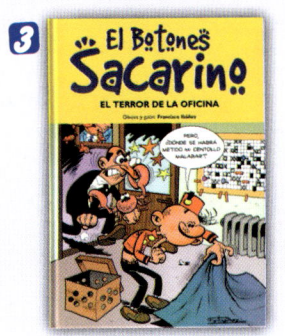

4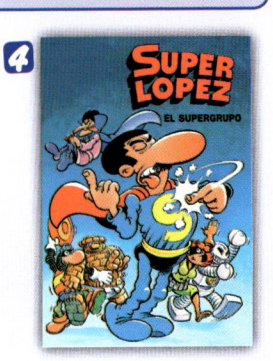

 Practica lo que has aprendido con el material interactivo extra.

TRANSMITIR INFORMACIÓN DICHA POR OTROS

Estilo directo	Estilo indirecto
"**Eres** lo mejor de **mi** vida". ➡	Dice/Ha dicho **que soy** lo mejor de **su** vida.
"**Estuve aquí** comiendo con Pedro". ➡	Dice/Ha dicho **que estuvo allí** comiendo con Pedro.
"**Creo** que **tenemos este** libro". ➡	Dice/Ha dicho **que cree** que **tienen ese** libro.

Podemos usar verbos como **decir**, **comentar** o **confesar**.

"**Compra** pan". ➡ Me ha ordenado **que compre** pan.
(Orden o petición) (Presente de subjuntivo)

En este caso usamos verbos como **ordenar**, **aconsejar**, **sugerir** o **recomendar**.

➤➤ Ver *Apéndice gramatical*, pág. 123

TRANSMITIR PREGUNTAS

"¿Habéis hecho los deberes?". ➡ El profesor ha preguntado **si** hemos hecho los deberes.
"¿Cuándo haréis los deberes?". ➡ El profesor nos ha preguntado **cuándo** haremos los deberes.

1. Transforma las siguientes frases.

a. "Me acosté porque tenía sueño". ➡ Ha dicho
....

b. "Visita Madrid si quieres divertirte". ➡ Me recomienda
....

c. "Este libro lo escribimos entre mi mejor amigo y yo". ➡ Me ha confesado
....

d. "¿Fuiste a la fiesta de Juan?". ➡ Me ha preguntado
....

e. "¿Dónde vive tu hermano?". ➡ Te pregunta
....

2. Marta ha visitado esta mañana a Elena, su mejor amiga, y le cuenta a su novio todo lo que le ha dicho. Con tu compañero, intenta completar los espacios en blanco.

Marta: Elena me ....1................. que se va a cambiar de casa. Que está muy contenta porque ....2......... encontró trabajo.

Pedro: Vaya, qué suerte.

M.: Me ....3............... que realmente no está enamorada de su novio y ....4........... quiere dejarlo.

P.: La verdad es que no hacen buena pareja.

M.: Tienes razón. Por lo visto el otro día discutieron en el cine... Por cierto, me ....5................. la película que vio, ...6............. que es muy buena.

P.: Pues si quieres, vamos a verla este viernes.

M.: Bueno... ¡Ah! y también me ....7................. que cree que el mes que viene va a Ámsterdam a visitar a su hermano y a su cuñada, y me ha preguntado ....8........ quiero ir con ella.

Pedro   Marta

3.  Ahora escucha la conversación completa y comprueba.

4. Habla con tus compañeros. En grupos de tres, pregúntale algo a un compañero y cuéntale la respuesta al otro.

Sigue el ejemplo: - ¿Cuál es tu libro favorito?   - El señor de los anillos.
Luis me ha dicho que *El señor de los anillos* es su libro favorito.

> **EXPRESAR PROBABILIDAD O HIPÓTESIS EN PRESENTE Y EN PASADO**

¿QUÉ LE PASA A LUIS?

Conozco la información	Imagino la información
Está enfermo. (presente) ➡	**Estará** enfermo. (futuro)
No **ha dormido** nada esta noche. ➡	No **habrá dormido** nada esta noche.
(pretérito perfecto)	(futuro de *haber* + participio)
No ha dormido porque **estaba** nervioso	No ha dormido porque **estaría** nervioso
por el examen de hoy. (pretérito imperfecto)	por el examen de hoy. (condicional)
Ayer **fue** a una fiesta. (pretérito indefinido) ➡	Ayer **iría** a una fiesta. (condicional)

■ **Para hacer preguntas:**

Sabemos que la persona que escucha la pregunta sabe la respuesta	Sabemos que nadie conoce la respuesta o cuando estamos solos
¿Qué hora **es**? (Alguien tiene reloj) ➡	¿Qué hora **será**? (Nadie tiene reloj)
¿Dónde **ha ido** José? ➡	¿Dónde **habrá ido** José?
¿Quién **rompió** el cristal ayer? ➡	¿Quién **rompería** el cristal ayer?
¿Cuánta gente **había** ayer en la fiesta? ➡	¿Cuánta gente **habría** ayer en la fiesta?

5. Este perro está muy triste. Transforma los verbos en negrita de las frases para hacer suposiciones.

a. Le **duele** el estómago. ➡ ....
b. **Está buscando** a su dueño. ➡ ....
c. Ayer **fue** al veterinario porque no **se encontraba** bien. ➡ ....
....
d. Se **ha perdido**. ➡ ....

6. Habla con tu compañero y haceos las siguientes preguntas, teniendo en cuenta que ninguno de los dos sabe la respuesta.

a. ¿Cómo (llamarse)? ➡ ....
b. ¿(Comer, hoy)? ➡ ....
c. ¿(Tener) dueño? ➡ ....
d. ¿(Escaparse, ayer) de la perrera? ➡ ....
e. ¿(Estar, ayer) con sus dueños y los (perder) de vista? ➡ ....
f. ¿Sus dueños le (abandonar, hoy) para irse de vacaciones? ➡ ....
....

7. Tu profesor te va a mostrar unas imágenes. Habla con tu compañero y haz hipótesis sobre ellas.

EXTENSIÓN DIGITAL

Practica lo que has aprendido con el material interactivo extra.

Paso a paso

■ Otras formas de expresar hipótesis o probabilidades:

Creo/Me parece
Me imagino/Supongo [**que**] ese modelo de móvil _es_ uno de los mejores.
Para mí/Yo diría si está en la sierra no _tiene_ cobertura, llámalo mañana.
ha llovido esta noche, las calles están mojadas.

A lo mejor/Lo mismo/Igual] _es_ un problema de tu compañía porque yo sí tengo cobertura.

1. Edu ha encontrado una foto de una casa que le gustaría comprar, pero no tiene ninguna información sobre ella. Lee el texto y completa con los siguientes verbos.

> _vivir_ ○ _poder_ ○ _querer_ ○ _tener_ ○ _haber_ ○ _costar_ ○ _pertenecer_

Me encantaría comprar esta casa, pero antes me gustaría tener información sobre ella. Supongo que ....1.................... muchísimo dinero, pero creo que mis padres ....2.................... ayudarme. Parece una casa grande, me imagino que ....3.................... más de tres habitaciones y al menos dos baños. Lo mismo en algún baño ....4.................... un jacuzzi, sería genial. Yo diría que antes ....5.................... una familia numerosa, a lo mejor la ....6.................... vender para irse a vivir a otra ciudad. Igual la parte de atrás ....7.................... también a la casa y hay una piscina y todo, quién sabe.

2. Mira ahora estas curiosas imágenes y escribe tres hipótesis para cada situación.

¿Por qué está llorando?

a. ....
b. ....
c. ....

¿Por qué no hay nadie?

a. ....
b. ....
c. ....

¿Qué le pasa?

a. ....
b. ....
c. ....

3. Escucha el final de tres discusiones y con tu compañero haced hipótesis sobre el motivo que las origina. Después escucha la conversación completa y comprueba.

a. ....
b. ....
c. ....

4. 🎧 42 Escucha los siguientes diálogos y completa el cuadro.

> **OTROS VERBOS Y EXPRESIONES DE HIPÓTESIS Y PROBABILIDADES**

| Probablemente/............................/ Seguramente/......................./**Tal vez**] | *la compañía telefónica se* <u>pone/ponga</u> *en contacto conmigo después de mi reclamación.* (indicativo/subjuntivo) |
| ..../Es probable Puede ser/....................... [**que**] | *mi teléfono* <u>tenga</u> *algún defecto de fábrica, me lo compré hace poco y no me dura nada la batería.* (subjuntivo) |

5. Elige la opción correcta para cada frase. En algunas las dos opciones son correctas.

a. Es probable que mañana **llueve/llueva**.

b. Seguramente **tiene/tenga** más de veinte años.

c. Tal vez **viene/venga** mi hermana conmigo.

d. Es posible que **consigue/consiga** el trabajo.

e. Quizás no **quiere/quiera** trabajar con nosotros.

f. Puede ser que **necesitan/necesiten** nuestra ayuda.

6. Escribe el final de las siguientes frases.

a. ¡Qué raro que no haya llegado Juan! Él es muy puntual. Es posible que ....
....

b. La compañía telefónica me ha cobrado un servicio que yo no utilizo. Seguramente ....
....

c. Me dijo que me iba a llamar esta tarde pero no lo ha hecho. Tal vez ....
....

d. Le he escrito un correo electrónico y no le ha llegado. Puede que ....
....

7. Con lo que has aprendido para expresar hipótesis y probabilidades, completa las siguientes frases.

a. Es probable que .... (ser) su cumpleaños porque ha invitado a cenar a todos sus amigos.

b. Igual .... (mudarse, él). Hace mucho tiempo que quería cambiar de casa.

c. Quizás .... (comprarse, yo) un teléfono móvil nuevo. Este ya no funciona.

d. A lo mejor Juan .... (ser) alérgico a los gatos. No para de estornudar.

e. Posiblemente yo .... (organizar) la fiesta. Soy su mejor amigo.

f. Puede que .... (saber) hablar italiano. Ha vivido un tiempo en Roma.

g. Seguramente .... (ganar) el premio. Ha hecho un buen trabajo.

8. Con tu compañero habla sobre planes de futuro, que todavía no son seguros, relacionados con los temas propuestos.

Tu próximo cumpleaños   Tus próximas vacaciones

Cuando tengas 40 años

EXTENSIÓN DIGITAL   Practica lo que has aprendido con el material interactivo extra.

Palabra por palabra

1. Escribe las partes de una carta formal en su lugar correcto.

- a. ☐ Motivo
- b. ☐ Dirección del destinatario
- c. ☐ Firma
- d. ☐ Saludo
- e. ☐ Dirección del emisor
- f. ☐ Despedida
- g. ☐ Fecha

1
2
3
4
5
6
7

2. Ordena la siguiente carta de un cliente a su compañía de telefonía móvil. Después escribe, siguiendo el ejemplo, a qué parte de la carta corresponde cada fragmento.

☐ Madrid, 13 de enero de 2013

☐ Movilmola
Paseo de la Antena, 33
28008 Madrid

☐ Atentamente,

1 Juan Mora
C/Cliente, 130
28001 Madrid

Dirección del emisor

☐ Les escribo esta carta porque llevo varios días teniendo problemas con mi teléfono móvil. Hace cinco meses me regalaron un nuevo **terminal** por llevar como cliente en su empresa más de tres años. Pues bien, este **celular** no deja de darme problemas. A continuación les explico punto por punto cada uno de ellos. La **pantalla táctil** no funciona bien. Cada vez que intento **marcar un número**, el teléfono se apaga.
En muchos lugares no **tiene cobertura**. Es decir, que cuando salgo de la ciudad tengo muy poca señal y no puedo ni **llamar** ni **recibir llamadas**.
Cuando puedo llamar, **se corta** la **conversación** después de dos minutos. Además, cuando intento **cargar el teléfono**, la **batería** solo dura cinco horas y después tengo que cargarlo otra vez. Al principio pensé que era problema del **cargador**, pero he probado con otro y sigo teniendo el mismo problema.
Debido a todos estos inconvenientes espero que me cambien el **móvil** o me regalen uno nuevo. En caso contrario cambiaré de compañía telefónica.

☐ Estimados señores:

☐ *(firma)*

3. Las palabras señaladas en amarillo en la carta son formas de saludo y despedida en una carta o correo formal. Clasifica ahora estas otras formas formales en saludos o despedidas.

Distinguido señor/a ○ Se despide atentamente ○ Muy señor/a mío/a ○ Reciba un cordial saludo
Señor/a ○ En espera de sus noticias ○ Cordialmente

Saludos	Despedidas

4. **Habla con tu compañero.**

- ¿Has tenido problemas con tu teléfono móvil? ¿Cuáles?
- ¿Los has solucionado?

5. Ahora escucha la conversación entre la secretaria y el director de la empresa *Movilmola* y escribe qué decisión toma el director.

6. Lee ahora la respuesta de *Movilmola*.

Mensaje nuevo

Enviar   Adjuntar   Agenda   Tipos   Color

De: movilmola@espaciojoven.com
Para: juanmora@edimail.com
Asunto: Nuevo teléfono

Estimado cliente:

Nos dirigimos a usted con la finalidad de expresarle nuestras disculpas por los problemas causados. Comprendemos perfectamente las molestias que puede haber tenido con el último móvil que recibió y, por esa razón, ponemos a su disposición un nuevo modelo. Por favor, para recibir este nuevo terminal mándenos un correo electrónico con la dirección donde quiere recibirlo a movilmola-terminales@espaciojoven.com. Si desea ver el modelo que le ofrecemos, puede pinchar en el siguiente enlace: www.movilesmovilmola.com/nuevos.

Atentamente,

 Movilmola
Paseo de la Antena, 33
28008 Madrid

7. **Relaciona estas columnas.**

1. @ • • a. guion
2. / • • b. punto com
3. : • • c. arroba
4. - • • d. tres uve doble
5. _ • • e. barra
6. .com • • f. dos puntos
7. www • • g. guion bajo

8. Imagina que eres el director de Movilmola y escribe en tu cuaderno un correo con otra respuesta diferente.

Estimado señor Mora:

9. Ahora lee la carta de un compañero y dile a tu profesor qué pone.

El director de Movilmola dice que...

 Practica lo que has aprendido con el material interactivo extra.

La diéresis y palabras con distinto valor

La diéresis

Es el signo ortográfico (¨) que se pone sobre la *u* de las sílabas *gue, gui* cuando queremos pronunciarla: *lengüeta*, *paragüero*, *pingüino*, *piragüista*.

1. 🎧44 **Escribe las palabras que escuches.**

....
....
....

2. **Lee los diálogos y después completa los cuadros.**

a.
▶ ¿**A dónde/adónde** podemos ir a merendar?
▶ **A donde/adonde** tú quieras.
▶ ¿**Dónde** decías que hacían esas tortitas tan buenas?
▶ ¡Ah! Te refieres al sitio **donde** te conté que fui con Marcos, ¿no?

(a) dónde/adónde; (a) donde/adonde

Usamos el adverbio ....1......... para indicar lugar y ....2......... o ....3......... indistintamente cuando indicamos también dirección o destino mediante la preposición ***a***.

Usamos ....4........., ...5......... o ....6......... cuando las formas anteriores son exclamativas o interrogativas.

b.
▶ No entiendo el **porqué** de su reacción, no me lo explico.
▶ Pues yo creo que ha actuado así **porque** no podía más y al final ha explotado.
▶ Pero, ¿**por qué** no le dijo a nadie que necesitaba ayuda?
▶ Es que muy orgulloso y le da vergüenza reconocerlo.
▶ Yo voto **por que** hablemos con él y le ofrezcamos nuestra ayuda.

porque/porqué/por que/por qué

Usamos ....7......... para expresar la causa o motivo de lo que se expresa a continuación y ....8......... para preguntar por esa causa o motivo.

Usamos ....9......... cuando nos referimos al sustantivo que significa "la causa, el motivo o la razón".

Usamos ....10......... para referirnos a la preposición ***por*** seguida del pronombre ***que***.

c.
▶ Su **sino** no es quedarse parado viendo la vida pasar, **sino** llegar muy lejos.
▶ Tienes razón, no solo es muy decidido, **sino** también muy trabajador.
▶ **Si no** cambia será alguien muy importante en el futuro, tal vez un político.
▶ Sí, además sabe escuchar, tiene carisma, es elegante y, **asimismo**, discreto.
▶ Sí, pues **así mismo** se lo haremos saber cuando lo veamos.

sino/si no

Usamos ....11......... como sustantivo que significa "destino"; para introducir una información que reemplaza o sustituye a la negada en la oración precedente.

Usamos ....12......... para referirnos a la conjunción condicional ***si*** seguida del adverbio negativo ***no***.

asimismo/así mismo

Usamos ....13......... en el sentido de "también" y ....14......... en el sentido de "de la misma manera".

3. 🎧45 **Dictado. Escucha y escribe en tu cuaderno.**

Practica lo que has aprendido con el material interactivo extra.

Me preparo para el DELE

Prueba de gramática y vocabulario

1. Lee la carta que le escriben desde la sección de consejos de una revista a un lector y completa con una de las tres opciones propuestas.

Una fiesta inolvidable

Querido amigo Álex:

Si estás pensando **1** preparar una fiesta para impresionar a tu familia y amigos, a continuación te daremos algunos consejos **2** convertir esa celebración en algo inolvidable.

En primer lugar deberás ponerte en contacto con las personas a las que quieres invitar para decidir el día. Un mensaje de móvil o un correo electrónico masivo será la forma más rápida de hacerlo. Lo mejor será proponer un día del fin de semana, ya que es más probable que **3** más personas si no hay que madrugar al día siguiente.

Al menos un par de días antes del evento deberás ir al supermercado para comprar todo lo que necesitarás cuando **4** a preparar la comida.

Piensa en sorprender a tus invitados con originales canapés. Además es importante que haya gran variedad de ellos para satisfacer los gustos y exigencias de todos. **5** que alguno sea vegetariano, que otro no coma ciertos productos o incluso que haya algún alérgico a cualquier alimento.

Otra cosa importante para causar **6** impresión es la decoración. Igual los globos y las guirnaldas de las tiendas **7** ya muy vistos, así que te recomendamos que crees tú mismo tu propia decoración, no hay nada como tu toque personal para impresionarlos.

Y música, por supuesto; alguien dijo una vez que no **8** fiesta que mereciera tal nombre sin música. Para que todos **9** sin parar te recomendamos que la música sea marchosa y sobre todo variada, por aquello de la diversidad de gustos que ya te comentábamos.

Los temas lentos resérvalos para el final, **10** sean la excusa perfecta para aquellos que quieran sacar a bailar a alguna chica.

¡Ah! y sentimos decirte que, por muy cansado que estés, deberás ser el último en retirarte.

Si sigues todos estos pasos, te convertirás en el rey de las fiestas.

1. a. de	b. en	c. para	**6.** a. buen	b. buena	c. grande
2. a. para	b. por	c. en	**7.** a. están	b. estén	c. sean
3. a. asisten	b. asistirán	c. asistan	**8.** a. hubo	b. había	c. habría
4. a. ve	b. irás	c. vayas	**9.** a. bailan	b. bailen	c. bailarán
5. a. Tal vez	b. Quizás	c. Puede	**10.** a. seguramente	b. igual	c. imaginamos que

Prueba de expresión e interacción orales

2. Responde a estas preguntas de carácter personal.

- ¿Te gustan las fiestas? ¿Qué tipo de fiestas son las que más te gustan?
- ¿Prefieres las fiestas en casa o en locales o discotecas? ¿Por qué?
- ¿Te gusta invitar a tus amigos a una fiesta o prefieres que te inviten?
- ¿Cuál es la última fiesta a la que has ido? ¿Cómo fue?

3. Con tu compañero, realizad esta situación simulada.

Te han invitado a una fiesta en un local. Cuando llegas el portero no te deja entrar porque dice que vas en zapatillas. En la invitación no se especifica cómo hay que ir vestido. Solicitas hablar con el encargado de la discoteca. Cuando salga exponle tu queja contándole lo que te ha dicho el portero y lo que no dice la invitación.

Mundo hispano

Los corrales de comedia

1. Observa las fotos. ¿Te resulta familiar? ¿Qué crees que eran los corrales de comedia?

2. El profesor de Literatura ha hablado esta mañana en clase sobre los corrales de comedia. Lee lo que ha dicho y después contesta verdadero o falso.

En España, cuando hablamos de corrales de comedia nos situamos en el siglo XVI, que es cuando aparecieron, junto al denominado Siglo de Oro. Muchos fueron los escritores que escribieron obras teatrales en esta etapa literaria, algunos de los más importantes fueron Lope de Vega, Tirso de Molina o Calderón de la Barca.

Los corrales de comedia eran los espacios dedicados al teatro. No habían sido edificios construidos específicamente para ser teatros permanentes, sino que en los patios que formaban las casas de vecinos se empezaron a usar para hacer representaciones teatrales. Uno de los más importantes de España es el corral de comedia de Almagro, en Castilla-La Mancha, todavía conservado y donde hoy en día se siguen representando obras. El corral de comedia más antiguo que se conserva (pero parcialmente) es el corral de comedia de Alcalá de Henares, en Madrid.

El escenario estaba al fondo del **patio**. En los otros tres lados había galerías para el público con dinero, los nobles. El resto de la gente podía ver la obra en el patio, al aire libre y los hombres separados de las mujeres. Los niños no podían entrar. Cuando al público no le gustaba la representación silbaban a los actores y les tiraban frutas u otros objetos.

Las representaciones eran de día y duraban entre dos horas y media y tres horas. Como no había techo, se ponía un **toldo** para proteger del sol a los espectadores. En el **escenario** no había **telón**.

Los **protagonistas** de las obras solían ser el galán y la dama, el **criado** y la criada, el padre de la dama y a menudo aparecía un hombre poderoso, generalmente un rey.

	V	F
a. Los corrales de comedia aparecieron en el siglo XIV.	☐	☐
b. Podía ir gente de cualquier edad.	☐	☐
c. El escenario estaba al fondo del patio.	☐	☐
d. El corral de Alcalá está en Castilla-La Mancha.	☐	☐
e. Dos de los autores más importantes fueron Lope de la Barca y Calderón de la Vega.	☐	☐

3. Relaciona estas palabras que aparecen en el texto con su definición.

1. Telón •
2. Escenario •
3. Protagonista •
4. Patio •
5. Criado •
6. Toldo •

• **a.** Lugar donde actúan los actores.
• **b.** Tela que oculta el escenario.
• **c.** Cubierta de tela que sirve para hacer sombra.
• **d.** Personaje principal de la obra.
• **e.** Espacio abierto en la parte de atrás de algunas casas.
• **f.** Persona que trabaja sirviendo a otra.

4. Ordena las siguientes frases que resumen las ideas principales del texto.

a. ☐ Las sesiones duraban entre dos horas y media y tres. Una tela hacía de techo y no existía el telón.

b. ☐ Tienen lugar en la que está considerada la época más brillante de la literatura española, por el gran número de buenos escritores que coincidieron en ella y por la calidad de sus obras, muchas de ellas de teatro.

c. ☐ Los personajes de las obras solían ser estereotipados.

d. ☐ Un patio trasero se convertía en el escenario. En cuanto al público, el privilegiado ocupaba las galerías mientras que el resto, separados los hombres de las mujeres, compartía patio y calor.

e. ☐ Eran espacios improvisados, habilitados en casas de vecinos para representar obras de teatro.

5. Los personajes del teatro del Siglo de Oro solían tener unas características comunes. Relaciona personajes y características.

  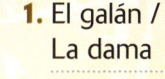 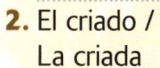

1. El galán / La dama •
2. El criado / La criada •
3. El padre •
4. El rey •

• **a.** Es la persona que castiga o premia las conductas de los personajes.
• **b.** Figura respetable que defiende el honor de la familia.
• **c.** Sirven con lealtad a los protagonistas y suelen dar el toque cómico a la acción.
• **d.** Son los protagonistas y en torno a ellos se desarrolla la acción principal. Se enamoran.

6. Mira estas dos imágenes. Una es de un corral de comedia y otra de un teatro actual. Habla con tu compañero sobre las diferencias que ves en el recinto, el escenario, los personajes, el público…

 Practica lo que has aprendido con el material interactivo extra.

¡Me lo sé!

1. **Transforma las siguientes frases en estilo indirecto.**

a. Tengo frío y necesito un abrigo. Si no me sirve uno tuyo, voy a ir a comprarme uno.
Me ha dicho ....

b. ¿Dónde tengo que ir? ¿Qué tengo que hacer? ¿Cuándo debo volver?
Me ha preguntado ....

c. No he hecho nada y cuando vuelva de mi viaje te lo demostraré.
Me ha confesado ....

d. ¿Está muy lejos la casa de tu primo? Es que estoy un poco cansado de caminar.
Me ha preguntado ....

e. Dime la verdad. Me ha pedido ....

2. **Relaciona para formar frases con sentido.**

1. ¡Muchas gracias por el regalo de cumpleaños!

2. (¡Riiinnnggg!) Son las doce de la noche y no espero ninguna llamada.

3. No encuentro las llaves de casa por ningún sitio.

4. No sé por qué se escuchan tantas sirenas de la policía.

5. Sara me ha dicho que el abrigo que se compró la semana pasada ahora está mucho más barato.

a. ¿Qué habrá pasado?
b. ¿Qué será?
c. ¿Cuánto costaría antes?
d. ¿Dónde las habré puesto?
e. ¿Quién será?

3. **Pon el verbo entre paréntesis en la forma correcta.**

a. Me parece que ayer .... (ser) el cumpleaños de mi primo y se me olvidó llamarlo.

b. Creo que .... (hacer, nosotros) los ejercicios mañana. Ahora no tenemos tiempo.

c. A lo mejor .... (ir, ellos) a clase la semana pasada pero esta semana no han ido.

d. Yo diría que .... (nacer, él) en el sur de España. Baila flamenco muy bien.

e. Me imagino que .... (estar, él) en casa. Desde aquí veo que hay luz dentro.

f. Suponemos que .... (cocinar, vosotros) bien, pero nunca nos habéis invitado a comer.

4. **Elige la forma correcta en cada frase.**

a. Lo mismo/Es posible que está en el dormitorio.

b. Es probable que/Probablemente sabe dónde ha trabajado.

c. Me parece que/Puede ser que diga la verdad.

d. Quizás/A lo mejor haga la tarta para tu cumpleaños.

e. Igual/Es posible que cambie de casa en los próximos días.

f. Es probable que/Quizás puede llevarte en su coche.

Cartas formales

......../5

5. Relaciona para formar saludos y despedidas.

1. Se despide •   • a. de sus noticias
2. Muy •   • b. un cordial saludo
3. Reciba •   • c. atentamente
4. En espera •   • d. señor
5. Estimado •   • e. señor mío

Móviles y correos electrónicos

......../2

6. Completa el siguiente correo electrónico con los símbolos estudiados.

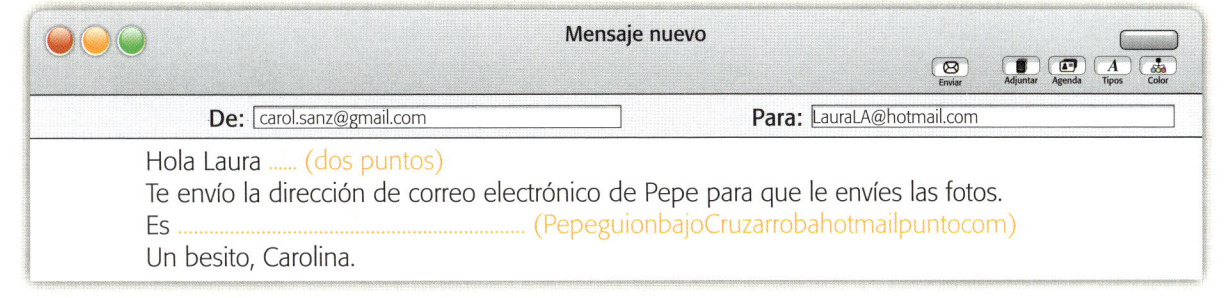

Mensaje nuevo

Enviar   Adjuntar   Agenda   Tipos   Color

De: carol.sanz@gmail.com   **Para:** LauraLA@hotmail.com

Hola Laura ...... (dos puntos)
Te envío la dirección de correo electrónico de Pepe para que le envíes las fotos.
Es .... (PepeguionbajoCruzarrobahotmailpuntocom)
Un besito, Carolina.

Palabras con distinto valor

......../6

7. Selecciona la opción correcta.

a. ¿**Donde/A dónde** vas? No quiero que juegues **adonde/donde/dónde** no hay valla.
b. No ha sido Pedro quien me lo ha dicho, **sino/si no** Juan.
c. Déjalo **asimismo/así mismo**, ya te ha quedado bien.
d. ▶ ¿**Porqué/Por qué/Porque** me pasarán estas cosas a mí?
   ▶ **Porque/Porqué/Por qué** eres un despistado y no te fijas en lo que haces.

Diéresis

......../6

8. Pon *u* o *ü* en las siguiente palabras.

a. parag.......as   c. g.......erra   e. antig.......o
b. biling.......e   d. g.......itarra   f. verg.......enza

Los corrales de comedia

......../4

9. Contesta las siguientes preguntas.

a. ¿En qué siglo aparecieron los corrales de comedia en España? ➡ ....
b. ¿Qué autores fueron los más conocidos? ➡ ....
c. ¿Qué hacía el público si no le gustaba la representación? ➡ ....
d. ¿Cuál es el corral de comedia más antiguo conservado? ➡ ....

EXTENSIÓN DIGITAL   Practica lo que has aprendido con el material interactivo extra.

Érase una vez...

1. Uno de los autores más importantes de teatro del Siglo de Oro fue Calderón de la Barca. Pregunta a tu compañero para conocer algo de este autor.

Alumno A

a. Nombre: ....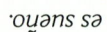

b. Lugar de nacimiento: Madrid.

c. Año de nacimiento: ....

d. N.º de obras escritas: más de 200.

e. Una de sus obras más importantes:

....

Alumno B

a. Nombre: Pedro.

b. Lugar de nacimiento: ....

c. Año de nacimiento: 1600.

d. N.º de obras escritas: ....

e. Una de sus obras más importantes: *La vida es sueño.*

2. En la obra *La vida es sueño* el protagonista, Segismundo, es encerrado al nacer en una torre para que no pueda salir nunca de ella. ¿Puedes imaginar las razones? Habla con tu compañero.

> *Creo que* ○ *Tal vez* ○ *Es posible que* ○ *A lo mejor* ○ *Puede que*

3. Para confirmar tus hipótesis, ordena estas partes que resumen el argumento principal de la obra *La vida es sueño.*

a. ☐ Para que nadie sepa que existe un príncipe sucesor, lo encierra en una torre.

b. ☐ Segismundo finalmente gana, pero muestra respeto por su padre, porque es el rey. Basilio en ese momento es consciente de que su hijo será un buen rey en el futuro y le deja el trono.

c. ☐ Una vez en libertad, actúa de forma violenta contra todo el mundo y lo encierran otra vez.

d. ☐ El rey Basilio cuando nace su hijo Segismundo cree en una superstición que dice que ese niño no será un buen sucesor del trono.

e. ☐ El pueblo descubre que existe un príncipe heredero y lo liberan. Segismundo lucha contra su padre.

f. ☐ En una ocasión decide darle una oportunidad para comprobar si podrá ser un buen rey y lo saca de la torre.

4. 46 **Ahora escucha y lee un fragmento de la obra donde habla Segismundo encerrado en la torre. Después, marca cuál es la interpretación correcta.**

¡Ay, mísero[1] de mí, ay infelice!
Apurar[2], cielos[3], pretendo,
ya que me tratáis así
qué delito[4] cometí
contra vosotros naciendo;
aunque si nací, ya entiendo
qué delito[5] he cometido:
bastante causa ha tenido
vuestra justicia[6] y rigor[7],
pues el delito mayor
del hombre es haber nacido.

Solo quisiera saber
para apurar[8] mis desvelos[9]
dejando a una parte, cielos,
el delito de nacer,
qué más os puede ofender
para castigarme más.
¿No nacieron los demás?
Pues si los demás nacieron,
¿qué privilegios[10] tuvieron
que yo no gocé[11] jamás?

1. Antig. Infeliz (*infelice*); 2. Averiguar, descubrir; 3. Indica que es una invocación a Dios; 4. Falta, culpa, error; 5. Se refiere al pecado original; 6. Se refiere a la justicia de los cielos; 7. Severidad; 8. Acabar, concluir; 9. Preocupación o sufrimiento; 10. Ventaja, mejor suerte; 11. Disfrutar.

a. ☐ Segismundo no puede entender qué ha hecho para ser encerrado por su padre.
b. ☐ Segismundo está preocupado por el medioambiente.
c. ☐ Segismundo piensa que nacen muchos niños en el mundo.

5. Segismundo durante la obra piensa que está dormido y que su vida es un sueño. ¿Qué te sugieren las palabras "sueño" o "soñar"? Anota en tu cuaderno todas las palabras que te vengan a la mente al pensar en ellas.

6. Habla con tus compañeros: ¿Te gusta soñar? ¿Por qué? ¿Hay algún sueño que tengas a menudo?

7. Aquí tienes algunas expresiones relacionadas con los sueños. Relaciónalas con su significado.

1. No pegar ojo. •
2. Dormir como un tronco. •
3. Tener sueño. •
4. Soñar con los angelitos. •
5. Pasar la noche en blanco. •
6. Cumplirse un sueño. •
7. Tener un sueño. •

• **a.** Estar cansado y con ganas de dormir.
• **b.** Hacerse realidad algo muy deseado.
• **c.** No poder dormir.
• **d.** Desear algo con mucha intensidad.
• **e.** En lenguaje infantil, dormir.
• **f.** Dormir muy profundamente.

8. Y tú, ¿cómo sueles dormir? Por la noche seguramente sueñas con los angelitos pero de día, ¿qué sueño te gustaría cumplir? Habla con tu compañero.

1. 🎧 47 Escucha el siguiente anuncio sobre el musical *El rey León* y contesta las preguntas.

a. ¿Dónde puedes ver *El rey León*? ....

b. ¿Cómo puedes llegar? ....
....

c. ¿Dónde y cómo puedes comprar las entradas? ....
....

d. ¿Qué es la Butaca de Oro? ....
....

e. ¿Cuál es el eslogan? ....

2. Completa el diálogo entre Nélida y Silvia con las siguientes expresiones.

> creo que ○ además ○ desde luego ○ es asombroso que ○ no creo que
> impresionante ○ qué te parece ○ pero qué dices

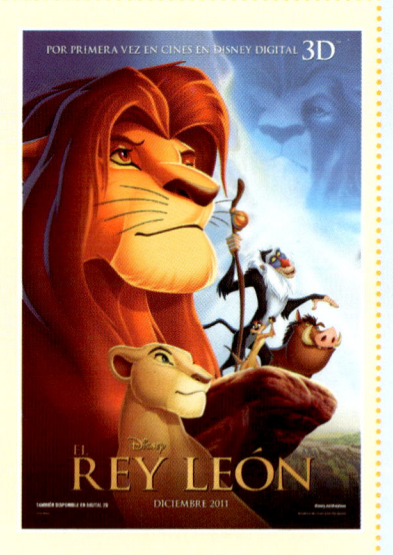

Nélida: ¿...........1........... ir a ver el musical de *El rey León*? Vi la película cuando era pequeña y me parece ....2........... poder ver ahora el musical en Madrid.

Silvia: ¡...........3...........! No me gustan nada los musicales.

N.: ¿No has visto su anuncio en la tele? Creo que ....4........... estén tan bien caracterizados los actores para parecer animales. Ya solo eso me parece increíble… Y las canciones fueron escritas por Elton Johny y el letrista Tim Rice, que ganaron un óscar y un Tony.

S.: ....5........... sea el tipo de espectáculo para mí, prefiero una película. ....6..........., el teatro es carísimo.

N.: ¡...........7........... que es caro! Pero lo vale la emoción del directo, los actores cantando y bailando delante de ti, los efectos de la iluminación… Es tan espectacular que ....8........... es imposible verla y que no se te pongan los pelos de punta.

S.: ¡¿Imposible?! Hummm…

3. Relaciona los elementos de las tres columnas y construye frases para descubrir el argumento de *El rey León*.

a. Simba es un cachorro y sucesor al trono,

b. Scar organiza la muerte de Mufasa, el padre de Simba, y le hace creer que es culpa suya,

c. Simba tiene dos nuevos amigos que le adoptan y,

d. Su tío Scar toma el trono,

- **1.** por eso
- **2.** incluso
- **3.** además,
- **4.** sin embargo

A. le enseñan la filosofía de vivir sin preocupaciones: *el Hakuna Matata.*

B. su tío Scar quiere ser el próximo rey y prepara un plan para ocupar el trono.

C. llega a hacer pensar a todos los animales que Simba ha muerto. ¿Volverá a recuperar su reino?

D. se siente culpable y escapa a la selva.

4. Completa este diálogo entre dos amigos. Ninguno de los dos tiene información sobre la obra. Lee las respuestas y piensa cuál fue la pregunta, como en el ejemplo.

Sandra: *¿Cuánto costarán las entradas?*
Mateo: Ni idea, pero imagino que serán caras.
S.: (1) ....
M.: Imagino que en la taquilla del teatro o por Internet, pero no estoy seguro.
S.: (2) ....
M.: Creo que está por el centro de Madrid. Lo podemos mirar en la página web del teatro.
S.: (3) ....
M.: Me imagino que sí ha ganado muchos premios.
S.: (4) ....
M.: Supongo que más de dos horas, como todos los musicales.
S.: (5) ....
M.: Tal vez. Si no, pues buscamos un parking.
S.: (6) ....
M.: Ya sabes que yo tampoco lo sé, pero normalmente las funciones son sobre las ocho de la tarde, ¿no?
S.: (7) ....
M.: Seguramente. La han representado en muchos países, entonces supongo que sí, que la han visto muchas personas.

5. En la historia de *El rey León* aparecen muchos animales. Habla con tu compañero para decidir a cuál corresponden estas fotos.

1
a. ☐ toro.
b. ☐ rinoceronte.
c. ☐ jabalí.

2
a. ☐ elefante.
b. ☐ ciervo.
c. ☐ cerdo.

3
a. ☐ pingüino.
b. ☐ oso panda.
c. ☐ cebra.

4
a. ☐ loro.
b. ☐ águila.
c. ☐ tucán.

6. Ahora escribid vuestras hipótesis usando diferentes marcadores o formas de hacerlo.

1	2	3	4

Apéndice Gramatical

EL PRETÉRITO PLUSCUAMPERFECTO

■ El **pretérito pluscuamperfecto** se forma con el pretérito imperfecto del verbo *haber* más el participio del verbo que realiza la acción.

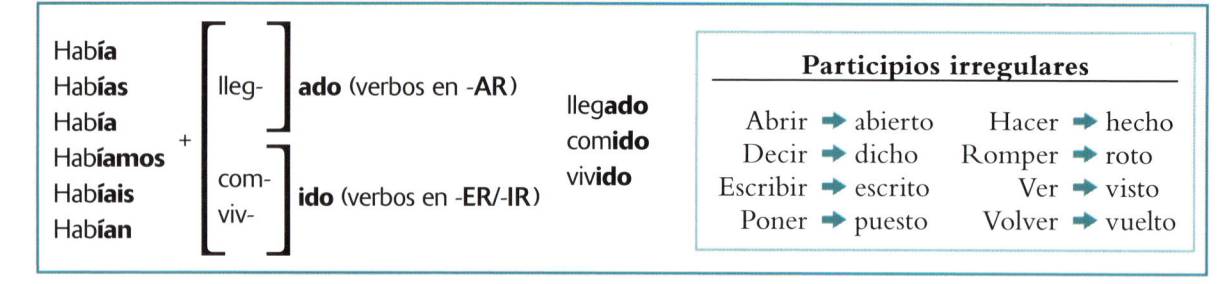

| Había |
| Habías |
| Había |
| Habíamos |
| Habíais |
| Habían |

lleg- + **ado** (verbos en -AR)

com- / viv- + **ido** (verbos en -ER/-IR)

lleg**ado**
com**ido**
viv**ido**

Participios irregulares	
Abrir ➜ abierto	Hacer ➜ hecho
Decir ➜ dicho	Romper ➜ roto
Escribir ➜ escrito	Ver ➜ visto
Poner ➜ puesto	Volver ➜ vuelto

▶ PROFUNDIZACIÓN

■ El *pretérito pluscuamperfecto* se usa para:

• Hablar de hechos terminados en un momento anterior a otro momento en el pasado.
Fíjate en el uso de **todavía** y de **ya** con este tiempo verbal:

– Cuando llegué al cine la película no **había comenzado** todavía/la película todavía no **había comenzado**.
(Llegué al cine a las 17:59, la película comenzó a las 18:00)
– Cuando llegué al cine la película **había comenzado** ya/la película ya **había comenzado**.
(Llegué al cine a las 18:05 y la película comenzó a las 18:00)

• Expresar una acción posterior a otra en el tiempo, pero con una idea de inmediatez.
– Le compré un juguete y al día siguiente ya lo **había roto**.
– Para mi cumpleaños me regalaron una novela y a la semana siguiente ya la **había leído**.

• Hablar de algo que hacemos por primera vez.
Fíjate en el uso de **nunca** y de **nunca antes.**
– Nunca/Nunca antes **había estado** aquí / No **había estado** aquí nunca/nunca antes.
– Nunca/Nunca antes **habíamos viajado** en globo / No **habíamos viajado** en globo nunca/nunca antes.

Fíjate en cómo preguntamos por experiencias con *antes* y *alguna vez.*
– ¿**Habías estado** en Madrid alguna vez/antes?
– ¿**Habías estado** alguna vez/antes en Madrid?

1. Completa las frases con los verbos entre paréntesis en el tiempo adecuado.

a. Cuando mi padre (llegar) ...., (acostarse, nosotros) .... ya.
b. Cuando (llamar, tú) .... anoche todavía no (llegar, yo) .... a casa.
c. Mi madre me llamó y me (decir) .... lo que tenía que comprar, pero al llegar a la tienda ya lo (olvidar, yo) ....
d. ¿(Ver, vosotros) .... alguna vez un espectáculo tan divertido como este?
e. No te (responder, ella) .... ayer porque todavía no (ella, abrir) .... su correo.

2. Completa las frases con las siguientes expresiones y después clasifícalas según su uso.

ya (x2) ○ *nunca/nunca antes* ○ *todavía* ○ *alguna vez/antes*

a. Cuando llegamos al aeropuerto el avión .... había despegado y tuvimos que comprar otro billete.
b. ¡Qué perro tan pequeño! .... había visto uno de ese tamaño.

c. ¿Habíais probado la comida mexicana ....?

d. Cuando mis padres se trasladaron a Barcelona yo .... no había nacido.

e. Ayer me encontré 50 euros en el metro y media hora después i.......................... me los había gastado!

- Hablar de una acción anterior a otra en el tiempo: ....
- Hablar de una acción inmediatamente posterior a otra: ....
- Hablar de algo que se hace por primera vez: ....

Unidad 2

EL CONDICIONAL SIMPLE

Verbos regulares

	Hablar	Comer	Escribir
Yo	hablaría	comería	escribiría
Tú	hablarías	comerías	escribirías
Él/ella/usted	hablaría	comería	escribiría
Nosotros/as	hablaríamos	comeríamos	escribiríamos
Vosotros/as	hablaríais	comeríais	escribiríais
Ellos/ellas/ustedes	hablarían	comerían	escribirían

Verbos irregulares

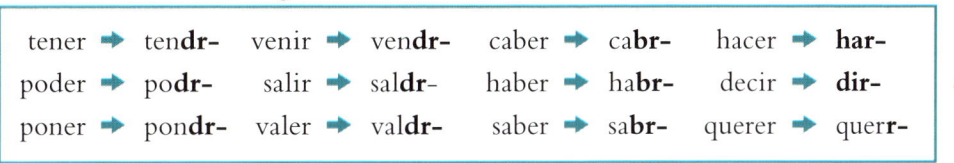

tener ➡ tendr–	venir ➡ vendr–	caber ➡ cabr–	hacer ➡ har–	ía
poder ➡ podr–	salir ➡ saldr–	haber ➡ habr–	decir ➡ dir–	ías, ía, íamos
poner ➡ pondr–	valer ➡ valdr–	saber ➡ sabr–	querer ➡ querr–	íais, ían

- El **condicional simple** se usa para:
  - Dar consejos o recomendaciones
    - Yo/yo que tú/yo en tu lugar, le **diría** la verdad, seguro que lo entiende.
    - **Deberías** comer menos dulces, no son muy saludables.
    - **Podrías** presentarte al *casting* para el programa de baile, lo haces muy bien.
  - Pedir permiso y favores
    - ¿**Te importaría** acercarme la chaqueta? Es que yo no alcanzo.
  - Expresar probabilidad o hipótesis en el pasado
    - **Tendría** 20 años cuando empezó a cantar.

Unidad 3

PRESENTE DE SUBJUNTIVO

El *presente de subjuntivo* se usa para:

- Expresar deseos. Si en la frase solo hay un sujeto, usamos el infinitivo. Si hay sujetos diferentes, usamos el subjuntivo.
  - (Yo) Quiero (yo) **hablar** contigo. / (Yo) Quiero que (nosotros) **hablemos**.
  - (Yo) Espero (yo) **verte** pronto. / (Yo) Espero que nos (nosotros) **veamos** pronto.
- Expresar finalidad. Si en la frase solo hay un sujeto o no se especifica el segundo, usamos el infinitivo. Si hay sujetos diferentes, usamos el subjuntivo.
  - He hecho una tortilla para **cenar**. / He hecho una tortilla para que **cenéis** Carla y tú.
- Expresar futuro en oraciones temporales, si no es una pregunta.
  - ▶ ¿Cuándo volverá Ana?   ▷ Cuando **salga** de trabajar.

Verbos regulares

Fíjate que es igual que el presente de indicativo pero con cambios vocálicos:

	Hablar	Comer	Escribir
Yo	hable	coma	viva
Tú	hables	comas	vivas
Él/ella/usted	hable	coma	viva
Nosotros/as	hablemos	comamos	vivamos
Vosotros/as	habléis	comáis	viváis
Ellos/ellas/ustedes	hablen	coman	vivan

Verbos irregulares

Casi todos los verbos irregulares en presente de indicativo lo son también en presente de subjuntivo.

• Verbos con irregularidad vocálica:

	E>IE	E>I	O>UE
Yo	quiera	pida	vuelva
Tú	quieras	pidas	vuelvas
Él/ella/usted	quiera	pida	vuelva
Nosotros/as	queramos	pidamos	volvamos
Vosotros/as	queráis	pidáis	volváis
Ellos/ellas/ustedes	quieran	pidan	vuelvan

• Verbos completamente irregulares:

Haber	Ir	Saber	Estar	Ser	Ver	Dar
haya	vaya	sepa	esté	sea	vea	dé
hayas	vayas	sepas	estés	seas	veas	des
haya	vaya	sepa	esté	sea	vea	dé
hayamos	vayamos	sepamos	estemos	seamos	veamos	demos
hayáis	vayáis	sepáis	estéis	seáis	veáis	deis
hayan	vayan	sepan	estén	sean	vean	den

• Verbos irregulares en la raíz:

poner ➡ **pong-**
tene ➡ **teng-**
salir ➡ **salg-**
venir ➡ **veng-**
decir ➡ **dig-**

traer ➡ **traig-**
hacer ➡ **hag-**
caer ➡ **caig-**
construir ➡ **construy-**
conocer ➡ **conozc-**

⎫
⎬ **-a**
⎭ **-as**
-a
-amos
-áis
-an

PROFUNDIZACIÓN

■ Otros verbos con irregularidad vocálica:

E>I (excepto 1.ª y 2.ª pers. plural)		
cerrar ➡ cierre	encender ➡ encienda	mentir ➡ mienta
comenzar ➡ comience	encerrar ➡ encierre	querer ➡ quiera
despertarse ➡ se despierte	entender ➡ entienda	recomendar ➡ recomiende
divertirse ➡ se divierta	gobernar ➡ gobierne	sentarse ➡ se siente
empezar ➡ empiece	manifestar ➡ manifieste	sentir ➡ sienta

E>I	O>UE (excepto 1.ª y 2.ª pers. plural)	

E>I

competir ➡ compita
despedir ➡ despida
despedirse ➡ se despida
impedir ➡ impida
medir ➡ mida
repetir ➡ repita
vestirse ➡ se vista

O>UE (excepto 1.ª y 2.ª pers. plural)

acordarse ➡ se acuerde
acostarse ➡ se acueste
contar ➡ cuente
llover ➡ llueva
probar ➡ pruebe
resolver ➡ resuelva
rogar ➡ ruegue
soler ➡ suela
sonar ➡ suene
soñar ➡ sueñe
volar ➡ vuele
volver ➡ vuelva

Excepciones:

dormir	morir
duerma	muera
duermas	mueras
duerma	muera
durmamos	muramos
durmáis	muráis
duerman	mueran

3. **Completa.**

a. ¿Quieres que te (recomendar) .... algún libro divertido?
b. Espero que Nerea no me (mentir) .... otra vez, es muy mentirosa…
c. Espero que David (despedirse) .... de nosotros antes de irse. Lo echaremos de menos.
d. Ojalá algún día (resolver) .... todos tus problemas.
e. Espero que Alberto (sentarse) .... lejos de mí. Es muy pesado.
f. No quiero que (sonar) .... el despertador, se está tan bien en la cama…
g. No sé qué pretende quitando el aire acondicionado. Igual que (morirnos, nosotros) .... de calor.
h. Y recordad que mañana salimos a las seis de la mañana. Así que espero que (acostarse, vosotros) .... pronto y que no (dormirse, vosotros) ....

REGLAS GENERALES DE ACENTUACIÓN

■ Las palabras se dividen en agudas, llanas y esdrújulas según su pronunciación.

Agudas	Llanas	Esdrújulas
La sílaba tónica es la última. Se acentúan cuando terminan en **n**, **s** o **vocal**.	La sílaba tónica es la penúltima. Se acentúan cuando no terminan en **n**, **s** o **vocal**.	La sílaba tónica es la antepenúltima o anterior a la antepenúltima si tiene más de tres sílabas. Se acentúan siempre.
ooÓ	oÓo	Óoo
después, canción, pasó, Internet	*fácil, carácter, caro, mosca*	*música, mágico, pájaro, déjamelo*

⟩ PROFUNDIZACIÓN

4. **Clasifica estas palabras en agudas, llanas y esdrújulas y acentúalas.**

diselo ○ camion ○ salon ○ hace ○ casco ○ compratela ○ ambulancia ○ tragico ○ salida ○ carcel ○ melon ○ sofa ○ crater

Agudas	Llanas	Esdrújulas

EXPRESAR SENTIMIENTOS Y ESTADOS DE ÁNIMO

- Para expresar estados de ánimo o sentimientos podemos usar estructuras como:
  - Verbo **estar** + adjetivo* + *con* + nombre
    - Mi hermana **está** muy **contenta con su profesora** de música.
  - Verbo **estar** + adjetivo + *de* + infinitivo (Si el sujeto de los dos verbos coincide)
    - **Estamos encantadas de asistir** al estreno de la nueva película de Mario Casas.
  - Verbo **estar** + adjetivo + *de que* + subjuntivo (Si el sujeto de los dos verbos es diferente)
    - **Estoy encantada de que te quedes** unos días más con nosotros.
  - Verbos **ponerse**, **sentirse** o **estar** + adjetivo + *cuando/si* + indicativo
    - Yo **me pongo furioso cuando dejo** un libro y no me lo devuelven.
    - Yo **me siento mal si veo** una noticia triste.

  Fíjate que en este caso el nexo "cuando" introduce una información temporal.

  Fíjate que en este caso el nexo "si" introduce una condición.

  (*) Ten en cuenta que en las estructuras con adjetivo este concuerda en género y número con el sujeto.

- Otro grupo de verbos:

No soportar	+ nombre Odio los lunes.
No aguantar	+ infinitivo (Si el sujeto de los dos verbos coincide) No soporto madrugar.
Odiar	+ **que** + subjuntivo (Si el sujeto de los dos verbos es diferente) No aguanto que me
Adorar	empujen en el metro.

- También podemos expresar sentimientos con verbos que siguen la estructura de *gustar*.
  - *Me, te, le, nos…* + da rabia, pone alegre, molesta + infinitivo (Si quien experimenta el sentimiento y quien realiza la acción es la misma persona).
    - A mí me da vergüenza hablar en público.
  - *Me, te, le, nos…* + da rabia, pone alegre, molesta + *que* + subjuntivo (Si quien experimenta el sentimiento y quien realiza la acción son personas distintas).
    - A mí me da rabia que la gente toque los cuadros en los museos.

(*) Recuerda que el adjetivo concuerda en género y número con la persona que experimenta el sentimiento:

– A mi madre le pone enferma que no recoja mi habitación.

(**) Recuerda que el sujeto en estas estructuras es lo que nos provoca el sentimiento, por lo que si se trata de un nombre plural el verbo que expresa sentimiento también irá en plural: *dan, ponen, hacen…*

– Me **aburren** las películas de amor.

LAS PERÍFRASIS VERBALES

- Una perífrasis verbal es la combinación de un verbo conjugado y una forma no personal del verbo (infinitivo o gerundio), conectados, a veces, mediante una preposición.
  Usamos:
  - **Empezar/ponerse a** + infinitivo para expresar el inicio de una acción.
    - **He empezado a leer** una novela muy interesante.
    - En cuanto llegué a casa **me puse a estudiar** para el examen del día siguiente.
  - **Volver a** + infinitivo para expresar la repetición de una acción.
    - El año pasado me apunté a clases de teatro y este año **he vuelto a apuntarme**.
  - **Seguir/continuar** + gerundio para expresar la continuación de una acción.
    - Nos conocimos en la guardería y hoy todavía **seguimos siendo** amigas.
    - Este verano **continuaré yendo** a clases de inglés, no quiero olvidar lo que he aprendido.
  - **Acabar de** + infinitivo para expresar una acción pasada recientemente.
    - Si quieres pastel espera a que se enfríe un poco, que **acabo de sacarlo** del horno.
  - **Dejar de** + infinitivo para expresar la interrupción de una acción.
    - **He dejado de ir** a clases de guitarra porque este año no tengo tanto tiempo.

VERBOS DE CAMBIO

■ Para expresar **cambios espontáneos o provisionales** en una persona usamos:

- **Ponerse** + adjetivo
  - Al hablar **se ha puesto muy nervioso**.
  - **Se ha puesto rojo** cuando le han preguntado.
- **Quedarse** (indica el resultado, el estado final)
  - **Se ha quedado muy sorprendido** por la noticia.
  - ¡Mi madre **se ha quedado embarazada**!
    - • A veces, **quedarse** también expresa cambios permanentes: Mi abuelo **se quedó calvo**.

■ Para expresar **cambios permanentes** usamos:

- **Volverse** + adjetivo/sustantivo (no voluntario)
  - **Se ha vuelto un antipático.** Antes no era así.
  - Jugó a la lotería y **se volvió millonario**.
  - Desde su divorcio, **se ha vuelto más reservada**.
- **Hacerse** (cambio voluntario o gradual)
  - Antes era abogado y ahora **se ha hecho juez**.
    - • Puede aparecer con adjetivos y sustantivos que expresan profesión, religión e ideología.
  - Estudió medicina y **se hizo médico**.
  - Viajó al Tíbet y **se hizo budista**.
  - Con esa situación **se hizo fuerte**.

Unidad 5

OPINAR

■ Para **pedir opinión**:

- *¿Qué piensas/crees/opinas/de/sobre...?*
  - ¿(Tú) qué piensas de este periódico?
- *¿(A ti) qué te parece...?*
  - ¿A ti qué te parece lo que está pasando con la organización de la fiesta?
- *En tu opinión/Desde tu punto de vista/Según tú* + oración interrogativa
  - Desde tu punto de vista, ¿cuál es el anuncio más inteligente?

■ Para **dar opinión**:

- *En mi opinión/Desde mi punto de vista...*
  - En mi opinión el blog (no) es muy interesante
- *Me parece que/Creo que/Pienso que* + indicativo
  - Nos parece que la marca es muy importante.
- *No me parece que/No creo que* + presente de subjuntivo
  - No nos parece que la marca sea tan importante.

■ **Mostrar acuerdo** y **desacuerdo** con una opinión:

• *(No) estoy a favor de*	+ **nombre**
• *(No) estoy en contra de*	+ **infinitivo** (Mismo sujeto)
• *(No) estoy (del todo) de acuerdo con*	+ **que** + **presente de subjuntivo** (Sujetos diferentes)

- No estoy de acuerdo con todo tipo de anuncios.
- Estoy en contra de ser manipulado por la publicidad.
- Estoy a favor de que nos pidan opinión antes de vendernos sus productos.

- Otras formas para:

expresar acuerdo	suavizar el desacuerdo	expresar desacuerdo
• Sí, claro • ¡Desde luego! • ¡Claro, claro! • Yo pienso lo mismo que tú • Por supuesto • ¡Y que lo digas! (coloquial)	• Yo no diría eso… • Tienes razón, pero… • Sí, es una idea interesante, pero por otra parte… • A mi modo de ver, ese no el problema/el tema… • Lo que pasa es que…	• ¡No, no! • ¡No, de ninguna manera! • ¡Qué va! • ¡(Pero) qué dices! (coloquial) • ¡Anda ya! (coloquial)

VALORAR

- Para **pedir valoración**:
  - ¿***Te parece bien/mal*** + nombre/infinitivo/que + presente de subjuntivo?
    - – ¿Te parece mal el sueldo de un publicista?
    - – ¿Te parece bien poder usar buscadores para hacer trabajos de clase?
    - – ¿Te parece una tontería que los publicistas ganen mucho dinero?

- Para **valorar**:

Me parece **Es**	(parecer) *bien/mal* *triste/increíble/cómico/justo/ridículo/exagerado/preocupante* *una tontería/una vergüenza* (ser) *bueno/malo*	+ *que* + presente de subjuntivo

  - – Es increíble que se gasten tanto en anunciar sus productos.
  - – Me parece bien que se entienda como una inversión y no como un gasto.
  - – Creo que es una tontería que siempre veas los anuncios.

• ***Está claro*** • ***Es obvio/verdad***	+ *que* + indicativo

  - – Está claro que la publicidad es creación.

¡Qué	***bien/interesante***	*este artículo!* *poder compartir tanta información a través de facebook!* *que nuestro instituto tenga una página web!*

CONECTORES PARA ORGANIZAR IDEAS DE UN TEXTO

- Para **distinguir** dos argumentos:
  En primer lugar… en segundo lugar…
  - – La juventud es muy crítica. **En primer lugar** no acepta cualquier cosa y **en segundo lugar** busca lo que quiere.

- Para **oponer** dos argumentos:
  Por un lado/una parte… por otro (lado)/por otra (parte)…
  - – Comer bien es importante. **Por un lado** es necesario, **por otro** un placer.

- Para **añadir** argumentos:
  Y/además/también/asimismo
  - – La creatividad está presente en la publicidad, **además** de la originalidad por supuesto.

- Para **ejemplificar** y **explicar** usamos:
  Por ejemplo/es decir/o sea
  - – El alto nivel de competencia hace necesario invertir en publicidad, **es decir**, hay muchos productos buenos y similares en el mercado, pero algo te hace elegir uno.

- Para **aludir a un tema** ya planteado:
  (Con) respecto a (eso de/eso)/Sobre (eso)...
  - **Con respecto a** eso que has dicho antes, siento no estar totalmente de acuerdo contigo.

OTROS CONECTORES PARA ORGANIZAR LAS IDEAS DE UN TEXTO

- Para **añadir razones** en un orden de fuerza creciente:
  Incluso
  - María trabaja todos los días, incluso los domingos.

- Para **contraponer** razones:
  Bueno/pero/sin embargo/no obstante/en cambio
  - El rojo es mi color preferido, sin embargo nunca llevo ropa de ese color.

- Para expresar **consecuencia**:
  Así que/de modo que/de manera que/de ahí que/así pues/pues
  - Me encantan las películas, así que voy al cine siempre que puedo.

- Para sacar **conclusiones**:
  Entonces/total que/por lo tanto/en resumen/en conclusión/para terminar
  - Fuimos a la montaña sin botas ni ropa adecuada, total que pasamos muchísimo frío.

Unidad 6

EL ESTILO INDIRECTO

- Para repetir una información usamos verbos como *decir, comentar* o *confesar* en presente o pretérito perfecto de indicativo.
  - "Eres lo mejor de mi vida" ➡ Dice/Ha dicho **que soy** lo mejor de **su** vida.
  - "Estuve aquí comiendo con Pedro" ➡ Dice/Ha dicho **que estuvo allí** comiendo con Pedro.
  - "Cree que tenemos este libro" ➡ Dice/Ha dicho **que** cree que **tienen ese** libro.

  En estos casos no se producen cambios en los tiempos verbales, pero sí hay cambios en:
  - Los pronombres personales
    - "**Yo** quiero ir" ➡ Dice que **él/ella** quiere ir.
    - "**Tú** quieres hablar siempre" ➡ Dice que **yo** quiero hablar siempre.
  - Los adjetivos y pronombres demostrativos
    - "**Te** daré **este** libro" ➡ Dice que **me** dará **ese** libro.
  - Los adjetivos y pronombres posesivos
    - "Este es **mi** coche" ➡ Dice que ese es **su** coche.
  - Los adverbios *allí, ahí, allí*
    - "Este de **aquí** es mi hermano" ➡ Dice que aquel de **ahí/allí** es su hermano.
  - Los verbos *ir, venir, traer, llevar* también se modifican
    - "Voy a **ir** a tu casa" ➡ Dice que va a **venir** a mi casa.
  - Los adverbios de tiempo
Hoy ➡ *Aquel día*		*Mañana* ➡ *Al día siguiente*	
Ayer ➡ *El día anterior*		*Ahora* ➡ *Entonces*	
Luego/Después ➡ *Más tarde*			

- Cuando lo que transmitimos es una orden o petición, el imperativo cambia a presente de subjuntivo.
  - "Compra el pan" ➡ Me ha ordenado que compre el pan.

  En este último caso repetimos la información usando verbos como *ordenar, aconsejar, sugerir* o *recomendar.*

- Cuando transmitimos preguntas:
  - "¿Habéis hecho los deberes?" ➡ El profesor ha preguntado **si** hemos hecho los deberes.
  - "¿Cuándo vais a hacer los deberes?" ➡ El profesor nos ha preguntado **cuándo** vamos a hacer los deberes

  Cuando la pregunta no tiene un pronombre interrogativo (*cómo, dónde, qué, cuándo...*) para repetirla en estilo indirecto usamos el verbo *preguntar* + ***si***.

PROFUNDIZACIÓN

- También podemos transmitir la información en estilo indirecto usando la forma del indefinido en el verbo introductorio. En este caso hay más cambios verbales.

Información en estilo directo	Estilo indirecto (dice/ha dicho)	Estilo indirecto (dijo)
Presente	No cambia	Pretérito imperfecto
Pretérito indefinido	No cambia	Pretérito indefinido o plus-cuamperfecto
Pretérito perfecto	No cambia	Pretérito pluscuamperfecto
Pretérito imperfecto	No cambia	Pretérito imperfecto
Pretérito pluscuamperfecto	No cambia	Pretérito pluscuamperfecto
Futuro	No cambia	Condicional
Condicional	No cambia	Condicional

Cuando en estilo directo se usa el imperativo, en estilo indirecto siempre se transforma en subjuntivo.

5. **Transforma estas frases siguiendo el ejemplo.**

a. Estudio español. _Me dijo que estudiaba español._

b. Estudié español. ....

c. He estudiado español. ....

d. Estudiaba español. ....

e. Había estudiado español. ....

f. Estudiaré español. ....

g. Estudiaría español. ....

6. **Marca la opción correcta.**

a. "Tienes que estudiar más".
Todos los días mi madre me dice que _tengo/tenía_ que estudiar más.

b. "Fui al cine con mi familia".
Ayer me dijo que _iría/había_ ido al cine con su familia.

c. "En los últimos años he ido pocas veces a la playa".
Me dijo que _va/había ido_ pocas veces a la playa en los últimos años.

d. "Me encantaría tener otro perro".
Hoy me ha dicho que le _encantaría/encantará_ tener otro perro.

e. "Mañana antes de cenar prepararé la maleta".
Me dijo que antes de cenar _prepararía/preparó_ la maleta.

7. **Completa el cuadro.**

Información en estilo directo	Estilo indirecto (Dijo)
Presente	....
Pretérito indefinido	....
Pretérito perfecto	....
Pretérito imperfecto	....
Pretérito pluscuamperfecto	....
Futuro	....
Condicional	....

VERBOS Y EXPRESIONES PARA EXPRESAR HIPÓTESIS O PROBABILIDAD

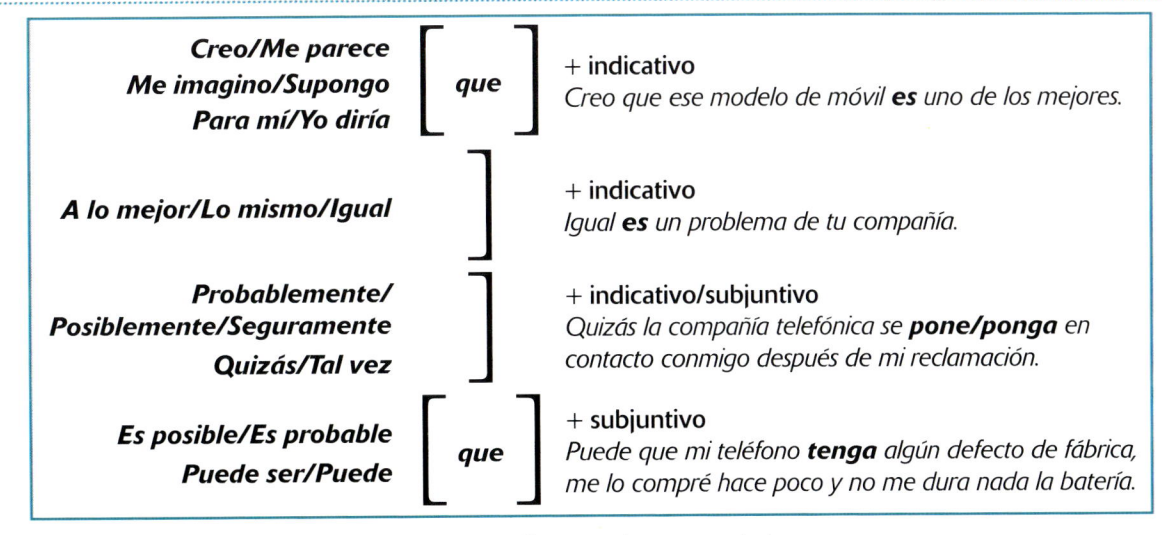

Creo/Me parece
Me imagino/Supongo
Para mí/Yo diría **que** + indicativo
*Creo que ese modelo de móvil **es** uno de los mejores.*

A lo mejor/Lo mismo/Igual + indicativo
*Igual **es** un problema de tu compañía.*

Probablemente/
Posiblemente/Seguramente
Quizás/Tal vez + indicativo/subjuntivo
*Quizás la compañía telefónica se **pone/ponga** en contacto conmigo después de mi reclamación.*

Es posible/Es probable
Puede ser/Puede **que** + subjuntivo
*Puede que mi teléfono **tenga** algún defecto de fábrica, me lo compré hace poco y no me dura nada la batería.*

■ Podemos expresar también probabilidad con diferentes tiempos verbales.

- Tiempo presente ➡ futuro imperfecto
  – ¿Sabes dónde está Javier?
  – No sé, **estará** todavía en el metro.

- Tiempo pasado reciente ➡ futuro perfecto
  – ¿Sabes cuándo ha llegado hoy?
  – Pues no sé, **habrá llegado** como siempre.

- Tiempo pasado ➡ condicional
  – ¿Sabes cómo vino ayer a clase?
  – No lo sé. **Vendría** andando.

(A) DÓNDE/ADÓNDE; (A) DONDE/ADONDE

- Usamos el adverbio *donde* para indicar lugar y *a donde* o *adonde* indistintamente cuando indicamos también dirección o destino mediante la preposición *a*.
- Usamos *dónde, a dónde* o *adónde* cuando las formas anteriores son exclamativas o interrogativas.

PORQUE/ POR QUÉ/POR QUE/PORQUÉ

- Usamos *porque* para expresar la causa o motivo de lo que se expresa a continuación y *por qué* para preguntar por esa causa o motivo.
- Usamos *porqué* cuando nos referimos al sustantivo que significa "la causa, el motivo o la razón".
- Usamos *por que* para referirnos a la preposición *por* seguida del pronombre *que*.

SINO/SI NO

- Usamos *sino* como sustantivo que significa "destino"; para introducir una información que reemplaza o sustituye a la negada en la oración precedente.
- Usamos *si no* para referirnos a la conjunción condicional *si* seguida del adverbio negativo **no**.

ASIMISMO/ASÍ MISMO

- Usamos *asimismo* en el sentido de "también" y *así mismo* en el sentido de "de la misma manera".

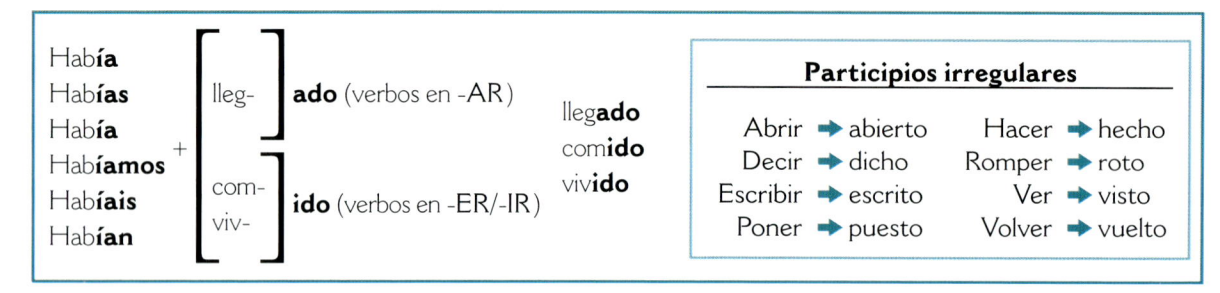

Tabla de verbos

El pretérito pluscuamperfecto

Había
Habías   lleg-   **ado** (verbos en -AR)   lleg**ado**
Había   com**ido**
Habíamos   +   viv**ido**
Habíais   com-
Habían   viv-   **ido** (verbos en -ER/-IR)

Participios irregulares			
Abrir	➡ abierto	Hacer	➡ hecho
Decir	➡ dicho	Romper	➡ roto
Escribir	➡ escrito	Ver	➡ visto
Poner	➡ puesto	Volver	➡ vuelto

El condicional simple

Verbos regulares

HABLAR	COMER	ESCRIBIR
hablar**ía**	comer**ía**	escribir**ía**
hablar**ías**	comer**ías**	escribir**ías**
hablar**ía**	comer**ía**	escribir**ía**
hablar**íamos**	comer**íamos**	escribir**íamos**
hablar**íais**	comer**íais**	escribir**íais**
hablar**ían**	comer**ían**	escribir**ían**

Verbos irregulares

Tener > tendr-
Poder > podr-
Poner > pondr-

Venir > vendr-
Salir > saldr-
Valer > valdr-

Caber > cabr-
Haber > habr-
Saber > sabr-

Hacer > har-
Decir > dir-
Querer > querr-

ía
ías
ía
íamos
íais
ían

El presente de subjuntivo

Verbos regulares

HABLAR	COMER	VIVIR
habl**e**	com**a**	viv**a**
habl**es**	com**as**	viv**as**
habl**e**	com**a**	viv**a**
habl**emos**	com**amos**	viv**amos**
habl**éis**	com**áis**	viv**áis**
habl**en**	com**an**	viv**an**

Verbos irregulares

- Verbos con irregularidad vocálica:

E>IE	E>I	O>UE
qu**ie**ra	p**i**da	v**ue**lva
qu**ie**ras	p**i**das	v**ue**lvas
qu**ie**ra	p**i**da	v**ue**lva
queramos	p**i**damos	volvamos
queráis	p**i**dáis	volváis
qu**ie**ran	p**i**dan	v**ue**lvan

- Verbos completamente irregulares:

HABER	IR	SABER	ESTAR	SER	VER	DAR
haya	vaya	sepa	esté	sea	vea	dé
hayas	vayas	sepas	estés	seas	veas	des
haya	vaya	sepa	esté	sea	vea	dé
hayamos	vayamos	sepamos	estemos	seamos	veamos	demos
hayáis	vayáis	sepáis	estéis	seáis	veáis	deis
hayan	vayan	sepan	estén	sean	vean	den

- Verbos irregulares en la raíz:

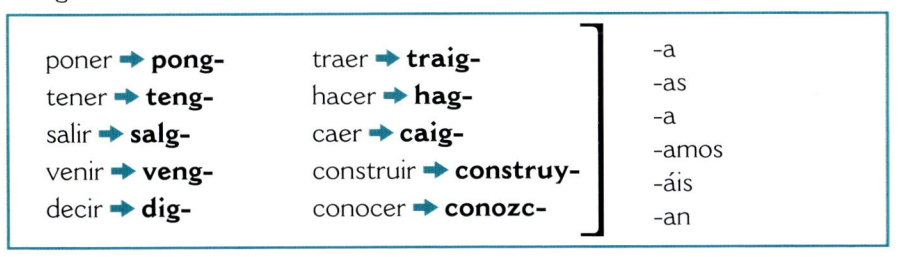

poner → **pong-**	traer → **traig-**	-a
tener → **teng-**	hacer → **hag-**	-as
salir → **salg-**	caer → **caig-**	-a
venir → **veng-**	construir → **construy-**	-amos
decir → **dig-**	conocer → **conozc-**	-áis
		-an

- Verbos con irregularidad vocálica:

E›IE (excepto 1.ª y 2.ª pers. plural)	E›I	O›UE (excepto 1.ª y 2.ª pers. plural)
cerrar → cierre	competir → compita	acordarse → se acuerde
comenzar → comience	despedir → despida	acostarse → se acueste
despertarse → se despierte	despedirse → se despida	contar → cuente
divertirse → se divierta	impedir → impida	llover → llueva
empezar → empiece	medir → mida	probar → pruebe
encender → encienda	repetir → repita	resolver → resuelva
encerrar → encierre	vestirse → se vista	rogar → ruegue
entender → entienda		soler → suela
gobernar → gobierne		sonar → suene
manifestar → manifieste		soñar → sueñe
mentir → mienta		volar → vuele
querer → quiera		volver → vuelva
recomendar → recomiende		
sentarse → se siente		
sentir → sienta		

- Excepciones:

DORMIR	MORIR
duerma	muera
duermas	mueras
duerma	muera
durmamos	muramos
durmáis	muráis
duerman	mueran

Glosario

Unidad 0

Español	En mi lengua	Español	En mi lengua
Barriga, la		**R**eserva, la	
Consolar		**S**elva, la	
Darse prisa		Ser una pasada	
Exagerar		Sobre, el (de medicamento)	

Unidad 1

Español	En mi lengua	Español	En mi lengua
Ámbito, el		**L**acrimógeno/a	
Aplauso, el		Ladrillo, el	
Apoyar		**M**orirse de miedo	
Argumento, el		**N**arrar	
Asesinar		**P**apel, el (de cine o teatro)	
Carcajada, la		Partirse de la risa	
Cartelera, la		Peliculero/a	
Cineasta, el/la		Prado, el	
Cinematográfico/a		Propaganda, la	
Comedia, la		**R**eforma, la	
Compañía, la		Represión, la	
Corto, el		Rodaje, el	
Dirigir		**S**oledad, la	
Encerrar		Sonoro/a	
Estreno, el		**T**aquilla, la	
Festival, el		Telón, el	
Guion, el		Tema, el	
Hacer el drama		Tradición, la	
Hermético/a		**V**anguardia, la	
Interpretar		Violencia, la	

Unidad 2

Español	En mi lengua	Español	En mi lengua
Ablandar		Infusión, la	
Abonar		Interpretar un papel	
Abordar		Inventar	
Acatamiento, el		**L**asca, la	
Acertar		Leche condensada, la	
Acudir		**M**adroño, el	
Atrapar		Moderación, la	
Autógrafo, el		Moderar	
Buey, el		**N**otario, el	
Convoy, el		**O**besidad, la	
Cotilleo, el		**P**aladar, el	
Disminuir		Pechuga, la	
Estar dispuesto/a a algo		**R**efinamiento, el	
Estatuto, el		Relleno, el	
Faceta, la		Repercusión, la	
Frutero, el		Repostería, la	
Gula, la		Requerir	
Huidizo/a		Resistir	
Huracán, el		**S**egregar	
Incluir		Sobrepeso, el	

▶ Continúa

Español	En mi lengua	Español	En mi lengua
Soso/a		**T**ravesura, la	
Soufflé, el		**V**acunación, la	
Suscribirse		Virrey, el	

Unidad 3

Español	En mi lengua	Español	En mi lengua
Alcanzar		**L**abor, la	
Aparato, el		Llevarse bien/mal con alguien	
Asesorar		**M**altrato, el	
Bélico/a		Melancolía, la	
Buñuelo, el		Montar un negocio	
Catástrofe, la		Musa, la	
Colgante, el		**N**ostalgia, la	
Conflicto, el		**O**jalá	
Construir castillos en el aire		**P**achucho/a	
Corresponsal, el		País subdesarrallado, el	
Crucial		Poner tu granito de arena	
Cuero, el		Perfil, el (de una persona)	
¡Cuídate!		Pólvora, la	
Desantender		**Q**ue aproveche	
Desigualdad, la		Que te mejores	
Discapacitado/a		**R**ecaudar	
Donativo, el		**S**alir adelante	
Esforzarse		Salir bien/mal	
Estar enfocado a algo		Sigla, la	
¡**F**altaría más!		Sin ánimo de lucro	
Financiar		Solidario/a	
Fondos, los (de dinero)		Sombra, la	
Fundador/a		Superstición, la	
Hacerse cargo de algo/alguien		Surgir	
I Iuésped, el/la		Suspirar	
Impactar		**T**rabajar codo con codo	
Independizarse		Trigo, el	
Inmigrante, el		**V**oluntario, el	

Unidad 4

Español	En mi lengua	Español	En mi lengua
Acariciar		Atreverse	
Acero, el		Averiguar	
Acorde, el		**B**lando/a	
Afinar (un instrumento)		Boxeador, el	
Afincarse		Burro, el	
Agotado/a		**C**aballete, el	
Algodón, el		Colarse	
Alucinado/a		Collar, el	
Amenazar		**D**ar corte	
Arpa, el		Dar igual (algo a alguien)	
Arreglo, el		Dar lo mismo (algo a alguien)	

▶ Continúa ▶

Español	En mi lengua
Dar rabia	
Débil	
Decantarse	
Dejarse llevar	
Depurado/a	
Descargar	
Despreocupado/a	
Distraído/a	
Ejemplar, el	
Ensayar	
Ensueños, los	
Eslogan, el	
Estar atento/a	
Estar colado por alguien	
Estar hecho un lío	
Estar loco por alguien	
Guerrero, el	
Hacer cola	
Histérico/a	
Hueso, el	
Inspiración, la	
Juez/a	
Lástima, la	

Español	En mi lengua
Lienzo, el	
Mimoso/a	
Natal	
Palomitas, las	
Pánico, el	
Paisaje, el	
Pelea, la	
Peludo/a	
Ponerle enfermo/a	
Pulsera, la	
Puntero/a (coloquial)	
Quedarse embarazada	
Reservado/a	
Retrato, el	
Rozar	
Sensitivo/a	
Sincero/a	
Solfeo, el	
Sufrir mal de amores	
Tararear	
Teclear	
Tierno/a	
Vegetariano/a	

Español	En mi lengua
Acoso, el	
Áncora, el	
Apuntalar	
Archivo, el	
Atarse	
Banco, el (asiento)	
Beneficio, el	
Bienestar, la	
Calabozo, el	
Campaña, la	
Competencia, la	
Consumidor, el	
Convocatoria, la	
Correa, la	
Cosméticos, los	
Creatividad, la	
Cuadra, la (México)	
Derogación, la	
Escapar	
Estrategia, la	
Fichero, el	
Generar	

Español	En mi lengua
Goloso/a	
Hacer caso	
Intensificar	
Interactuar	
Intimidad, la	
Manipulación, la	
Marca, la	
Masificar	
Mercadotecnia, la	
Obsoleto/a	
Picapedrero, el	
Precario/a	
Propaganda, la	
Recurso, el	
Reducir	
Rubí, el	
Ser para tanto	
Sucumbir	
Sueldo, el	
Tentación, la	
Vitrina, la	

Unidad 5

Español	En mi lengua	Español	En mi lengua
Abandonado/a		Impresionar	
Alérgico/a		**L**engüeta, la	
Batería, la		Local, el	
Canapé, el		**M**adrugar	
Cargador, el		Marchoso/a	
Carisma, el		Masivo/a	
Celular, el		Merecer	
Cigüeña, la		**P**aragüero, el	
Cobertura, la		Perder de vista (a alguien)	
Conducta, la		Perrera, la	
Confesar		Pertenecer	
Convertirse		Pinchar	
Cordial		Pingüino, el	
Cuñado/a		Piragüista, el	
Defecto, el		Ponerse en contacto (con alguien)	
Discreto/a		Premiar	
Discutir		**R**eclamación, la	
Dueño/a		Recomendar	
Emisor, el		Retirarse	
Encargado/a, el/la		**S**ucesor, el	
Envolver		Sugerir	
Estornudar		Suponer	
Explotar		**T**ebeo, el	
Globo, el		Terminal, el	
Guirnalda, la		Torre, la	
Heredero/a		Tortita, la	
Humanidad, la		Trono, el	
Imaginar			